アメリカにおける神の国

H・リチャード・ニーバー
柴田史子 訳

聖学院大学研究叢書 6

聖学院大学出版会

解説　アメリカを深層から理解するための古典

古屋安雄

本書、ヘルムート・リチャード・ニーバー著『アメリカにおける神の国』は、一九三七年に刊行されたものであるが、現在でもアメリカ神学の「古典」と呼ばれ、読みつがれている有名な書物である。シカゴ大学のマーティン・E・マーティ教授は「アメリカのキリスト教史」を教えていたときに、本書をテキストにした。しかしこの書物が絶版になっていて入手できないことに気がついて、その復刻版の作成に踏み切った。それほどまでに本書を用いる理由は、この「古典」を読まずして、アメリカおよびアメリカのキリスト教が理解できないからであるという。

特にいわゆる九・一一以降のアメリカの動向は、本書を読まずしてはわからないであろう。あの事件の後、「もしニーバーがいたら、何と言っただろう」と囁かれたものである。しかし、この場合のニーバーは、本書の著者の兄のラインホールド・ニーバー（一八九二―一九七一）のことである。二〇〇五年の九月の『ニューヨーク・タイムズ』に「忘れられたラインホールド・ニーバー」と題する論文が載った。寄稿したのは、アーサー・シュレジンジャー・ジュニア（ハーバード大学の元歴史学教授で、ケネディ大統領の特別補佐官）であるが、その結論は一九五二年にニーバーが書いた『アメリカ史のアイロニー』の最後の言葉であった。

「もしわれわれが滅びるとすれば、敵の残忍さはせいぜい第二の原因にすぎないであろう。第一の原因は、強大な国の強さが、その戦いの危害のすべてを見ることができないほどに眼が見えなくなっていて、その力が正しく導かれないということが起こる場合である。そしてこの眼が見えなくなることは、自然や歴史の何らかの事故によってではなく、憎しみやうぬぼれによってひき起こされることなのである」（大木英夫・深井智朗訳、聖学院大学出版会、二〇〇二、二六〇頁）。

何という預言者的な洞察であろうか。しかし、この兄のアメリカ理解に大きな影響を与えたのは、弟のH・リチャード・ニーバーであり、特に本書であった、と思われる。九・一一以後のアメリカを「神の国」と見る見方がアメリカの内外で少なくない。事実、わが国でも栗林輝夫の『ブッシュの「神」と「神の国」アメリカ』が出版された（日本キリスト教団出版局、二〇〇三）。しかしながら、ブッシュが本書を読んだ気配はないのである。もともと読んでいないから、イラク戦争を始めたのであろう。本書を正しく理解するためには、少なくとも前著の『教派主義の社会的諸源泉』（邦訳、『アメリカ型キリスト教の社会的起源』と題されて本書の訳者によって邦訳された）を読まなくてはならない。これはマックス・ウェーバーとエルンスト・トレルチの影響下に書かれたものであるが、本書の前書きで次のように反省している。

「（『アメリカ型キリスト教の社会的起源』では）教派のあり方、人種的制度、階級的制度、地域的利害が教派のありように示されるそれらの社会学的パターンをたどることによって、アメリカのキリスト教の複雑さを説明しようとしたのである。その説明には多くの点で不満が残った。社会学的アプローチは、宗教的流れがなぜ特定の水路を流れるのかを説明する助けにはなったが、流れを生み出している原動力そのものを説明するわけではない。制度化された諸教会については十分説明しているが、それらの教会を設立したキリスト教運動については説明していない。それは、アメリカの宗教の多様性を説明したが、その多様性にもかかわらずわれわれの信仰が有している統一性を説明していない」（11–12頁）。

つまり、アメリカの主流的な宗教であるプロテスタント・キリスト教にとって、その統一的なテーマは他ならぬ神の国であった、というのが本書の発見であった。しかし、著者は歴史的にアメリカを見るときに、つまり教会史的あるいは神学史的にアメリカを見るときに、神の国が決して同じことを意味していなかったことも発見したのであった。

つまり、アメリカの初期、十七世紀にピューリタンたちがその社会の基礎を造ったときには、神の国は「神の主権」（The Sovereignty of God）を意味していた。ところが、十八世紀の「大覚醒」による信仰復興の創造的な時代には、それは「キリストの王国」（The Kingdom of Christ）を意味するようになっていた。しかるに、十九世紀になって、社会的福音（Social Gospel）はそれを実現するもの、つまり「地上の王国」（The Kingdom of Earth）であることを意味するようになったのであった。

しかし、著者は本書において、これら三つの解釈は相互に密接に関係していること、そして相互に関係し合わなければならないことを発見し、主張したのであった。つまり、神の国は、三つの概念のいずれか一つによってだけで表現し切れないということが明らかになったのである。たとえば、ニーバー兄弟が若いときは社会的福音が全盛期であったが、社会的福音は地上の王国を強調するときに、先人がそれとは異なった解釈をしたことを忘れてはいなかったであろうか。それゆえに次のように言うのである。

「神の絶対主権とキリストの統治のない地上の神の国は無意味である。地上における神の国のない神の絶対主権とキリストの統治は、不完全であり、またどちらが欠落していても不完全なのである」（14頁）。

各時代の危険性として次のことが指摘される。

「ピューリタニズムが危険であるとすれば、それは神の絶対主権のみへの信仰によって確信を得ようとするからであり、福音主義が危険であるとすれば、とりわけキリストの統治で十分であると考える傾向のためである」（14頁）。

それゆえに本書の第二章で「神の絶対主権」、第三章で「キリストの国」、第四章で「来るべき王国」と神の国思想の展開を歴史的に取り上げるのである。この部分は歴史書としてもすぐれている。

もちろん本書は、戦前に著されたものであるが、その前書きは、今日のアメリカにとっては、先の兄のラインホールド・ニーバーの引用と同じく、預言者的な洞察に満ちている。

「最後の確信は、アメリカのキリスト教とアメリカの文化は、神が絶対主権を持ち、生きておられ、愛であるというその神への信仰に基づくのでなければ、まったく理解できないということである。すべてのものが、神を離れては無意味であり、存在しないのと同じである。神と神の赦しがないとすれば、国民性も、また一つの国の中で特殊な形をとったキリスト教でさえも、創造的であるより破壊的なものになる」（17頁）。

本書の邦訳をもって、H・リチャード・ニーバー（一八九四－一九六二）という二十世紀のアメリカの代表的な神学者の主要な著作はほとんど邦訳されたことになる。ちなみに、これまでに邦訳された著作、訳者、発行所、発行年は次のとおりである。

（1）The Social Sources of Denominationalism（1923）
『アメリカ型キリスト教の社会的起源』柴田史子訳、ヨルダン社、一九八四年

（2）The Meaning of Revelation（1941）
『啓示の意味』佐柳文男訳、教文館、一九七五年

（3）Christ and Culture（1951）
『キリストと文化』赤城泰訳、日本基督教団出版局、一九六七年

（4）Radical Monotheism and Western Culture（1960）
『近代文化の崩壊と唯一神教』東方敬信訳、ヨルダン社、一九八四年

（5） The Responsible Self （1963）
『責任を負う自己』、小原信訳、新教出版社、一九六七年

本書は（1）と（2）の間に著されたものであり、（1）によって、すぐれた宗教社会学者であると認められた著者が、すぐれた宗教史学者でもあると認められたのが本書であるといわれている。もっとも著者は、本来は神学者・倫理学者であって、一九三一年以来逝去するまで約三十年間、イエール大学の神学大学院で教え、その間に二〇〇名の博士論文を指導した教育者でもあった。二年年長の兄とともに、二世としてドイツ移民牧師の家庭で育ったが、兄弟でアメリカのみならず世界の神学界を指導したのは壮観であった。多作な兄と比べて弟のH・リチャード・ニーバーはむしろ寡作であるが、いずれも名著であり、すでに「古典」である。ジャーナリスティックでもあった兄と比べると、学問的な弟は学者としては兄よりもすぐれていた、といわれるほどである。

それは別としても、今後研究されるべきは、両人の微妙な相違点であろう。彼らの間で論争されたのは、日本の満州事変をめぐってアメリカがとるべき外交政策についてであった。それは一九三二年の『クリスチャン・センチュリー』誌上で展開されたものである。まず弟のリチャードが「何もしない恵み」（The Grace of Doing Nothing）を書いて、日本に対する経済制裁に反対したのに対して、直ちに兄のラインホールドは「何もすべきではないのか？」（Must We Do Nothing?）と反論したからであった。ところがリチャードは再度筆をとって「神の国への唯一の道」（The Only Way into the Kingdom of God）を書いたのであった。

ここに両人の外交政策の違い、ひいてはキリスト教倫理の違いが表れている。ラインホールドの立場は自他ともに「キリスト教的現実主義」（Christian Realism）と呼ばれたが、これに対してリチャードの立場は何と呼んだらよ

いのであろうか。それに答えるためには、両人の神学や倫理学全体を比べる必要があるであろう。この点の解明は、若い世代の研究者に期待したいが、筆者として今のところ、両人の神の国に対する見方の違いが大きいと思っている。つまり、兄ラインホールドが神の国の現実化に対して否定的であったのに対して、弟リチャードのほうは積極的であった、という見解である。

いずれにしても、H・リチャード・ニーバーの神学と倫理学は今後もっと研究されるべきであり、それは実り多いものとなると確信している。特にわが国においてその成果は目覚ましいであろう。たとえば、一神教と多神教の問題は、単一神教（Henotheism）と唯一神教（Monotheism）の違いを強調している、「徹底的一神教」（Radical Monotheism）の論議によって、どちらが寛容であるかは明らかになるであろう。

その意味でも、本書がついに邦訳されたことは、まことに喜ばしいことである。アメリカを深層から理解するためには不可欠な古典だからである。また特にこの神の国についての正しい見解が示されたことは、わが国のキリスト教界にとっても意味深いと思っている。神の国についてのいびつな理解がこの国のキリスト教の健全な発展を妨げていると感じているからである。

目次

前書き

本書は、アメリカにおいてキリスト教が持っている意味とアメリカのキリスト教の中心にある精神を説明しようとするものである。私はアメリカのキリスト教について、神の国を信じることがその中心にある一つの運動であると説明しようと試みている。この運動にはパターンが見分けられるが、それは複雑である。その上、それは、ぼんやりと輪郭が暗示されるのみである。したがってこの前書きで、著者がいま、なぜこれらの研究をすることになったか、どのような問題を解こうとしているのか、どのような一般的結論に達したのかを示すことが、本書を読むにあたって何らかの助けになるであろう。

前著『アメリカ型キリスト教の社会的起源』では、私は、宗教が文化に対してどのような関係を持っているかというその本質を見いだそうとした。〔一方では〕社会的諸力が信仰に対して及ぼす影響を吟味することによって、また、〔他方では〕教派のあり方、人種的制度、階級的制度、地域的利害が教派のありように示されるそれら社会学的パターンをたどることによって、アメリカのキリスト教の複雑さを説明しようとしたのである。その説明には多くの点で不満が残った。社会学的アプローチは、宗教的流れがなぜ特定の水路を流れるのかを説明する助けにはなったが、流れを生み出している原動力そのものを説明するわけではない。制度化された諸教会については十分説明しているが、それらの教会を設立したキリスト教運動については説明していない。それは、アメリカの宗教の多様性を説明したが、その多様性にもかかわらずわれわれの信仰が有している統一性を説明していない。それは、文化に規定されている宗教を扱うことはできたが、信仰は文化に対しては、自律的で、受動的というよりは攻撃的であること、また信仰は文化によって型をはめられるのではなく、むしろ文化の型を決定するということについては、説明されないままであった。さらに、キリスト教が教派に分裂しているという問題に私が出すことができた唯一の答えは、善良な意志にあらためて訴えかけることで、頑固な社会的分離を克服し、イエスの理想を具体化するということであった。しかしこの提案は、批判的に考えると、まったく不適切であったように思われる。

これらの問題とそれに関わる問題を探求することによって、私は、アメリカのキリスト教についての新たな研究に導かれた。初学者のようではあるが、神学と倫理学の抽象的な観念を、歴史という実験室の中で検証する必要を感じたのである。それで、私はこのような歴史の中で検証する研究にとりかかるのである。第一に、地上における神の国という理想は、この国の近年の宗教思想と宗教的実践に非常に大きな役割を果たしてきたと思われる。そこでこの研究は、アメリカ的信仰の中心的な意図と共通の関心と独立した力を探求する糸口を提供するかもしれないのである。カーク教授[＊1]は、カトリック教会の倫理が非常に多様であるにもかかわらず、初期および中世の歴史を貫く神のヴィジョンの思想をたどることによって、倫理学として取り扱うことができたのであるが、同じような仕方で、アメリカのキリスト教を理解し解釈するために、地上における神の国についての観念を利用することが可能なのではないだろうか。アドルフ・ケラー、ハインリッヒ・フリックやその他多くのストックホルムでの討議[＊2]に加わった近年のヨーロッパの著作家たちは、この観念の中にアメリカのキリスト教の特徴があることに気づき、内部にいる人間には見えないものが外部にいる人々には見えるという彼らの有利な視点から、われわれの宗教に統一性があることを判別したのである。さらに、この神の国の観念は、ジェームズ・トラスロー・アダムズ[＊3]がアメリカ史を解釈する際に非常に効果的に用いた「アメリカン・ドリーム」と密接な関連を持っているように思われる。地上における神の国に対する期待がわれわれの信仰に見られる共通の要素であり、それに立ち返ることよって、アメリカ宗教の多様性の底流にある統一性だけでなく、キリスト教が文化に与えている影響をも理解することができるのである。この神の国に対する期待は、断固とした中心的力であり、宗教が文化の単なる一機能になることを防いでいる。また、この期待は、宗教の主導権を回復するので、黙従することだけでなく抵抗することをも可能にし、既成秩序の聖化だけでなく新しい秩序の構築をも可能にする。さらに、この期待は、改革をめざす人々の活動を説明し、神の国と民主主義運動、奴隷制反対運動、社会主義運動との関係を説明し、常に新しい宗教集団を生み出す創造性を説明する。

［しかし］アメリカのキリスト教を、地上における神の国という観念によって分析しようという試みは、失敗したのである。ピューリタン、クエーカー、十八世紀から十九世紀初頭にかけての偉大な指導者と運動を、現代の社会的福音の枠組みにはめることは不可能である。それらの中では、理想が持つ吸引力よりも背後からの力が、原動力であったように見える。それらは、文化に深く影響しているが、それは、直接文化に働きかけるといった影響ではない。しかし、［分析の試みの］結果はまったく否定的なものだったわけではない。なぜなら、これら昔の運動は地上における神の国を求めたのではないが、それにもかかわらず社会に働きかける信仰と密接に関わるものであったし、近年の運動は、しばしば提案されているほどには、伝統的宗教から独立しているわけではないと考えられるからである。それらの［信仰と社会的信仰の］関係がどのようなもので、全過程の中で得られた［キリスト教信仰の］統一性がどのようなものであるかは、静的信仰と動的信仰に関するベルグソンの偉大な研究［*4］の洞察と、この問題に関心を寄せている［カール・］バルトや他の多くの現代の思想家の洞察に触れるにつれて、次第に明らかになってきた。

結果として、私はアメリカのキリスト教の分野において新しいいくつかの発見をすることになったのである。

それらの第一は、アメリカのキリスト教において、神の国の観念が実際に支配的な考え方であったということである。中世の信仰にとってヴィジョンの観念が優勢であったのと同じようである。しかし神の国の観念は、いつも同じことを意味していたわけではないということである。アメリカにおける生活の初期、つまり、われわれが皆その上に拠って立つことになる基礎が築かれた時、「神の国」は「神の支配」を意味していた。大覚醒と信仰復興の創造的な時代には、それは「キリストの統治」を意味した。そして、つい最近になって初めて、それは、「地上における神の国」を意味するようになった。しかしながら、それらは単に三つの異なる観念なのではなく、それらは相互に密接に関係しており、神の国の観念はそのいずれか一つだけでは表現しきれないということも同じように明らかになった。社会的福音は、地上における神の国を強調しているが、社会的福音とは異なったことを強調する先人の功績の上に立っている。それらの先人たちが強調したことは、地上において神の国を求める運動についての思想や信仰を暗示することはできるが、具体的に表現するものではなかった。神の絶対主権とキリストの統治のない地上の神の国は無意味である。地上における神の国のない神の絶対主権とキリストの統治は、不完全であり、またどちらが欠落していても不完全なのである。ピューリタニズムが危険であるとすれば、それは神の絶対主権のみへの信仰によって確信を得ようとするからであり、福音主義が危険であるとすれば、とりわけキリストの統治で十分であると考える傾向のためである。社会的福音が危険であるとすれば、それはその理想主義のためであり、また、それは、地上における神の国実現の基礎となっている前提を否定する傾向を持っているからである。キリスト教がその目標だけでなくその出発点とその経路、すなわち神の絶対主権と十字架と死からの復活の形でイエス・キリストに示された神の法則が啓示されたそのありようを思い起こしたならば、キリスト教は、福音主義や社会的福音に偏る危険を避けながら、キリスト教が現れたときのようにその大いなる進路をたどることもできたはずである。

以上が、『アメリカにおける神の国』のテーマである。このテーマは、一つの章だけで展開できるようなものではなく、議論の範囲は、本書全体が考慮されてこそ明らかになる。本書は、歴史に見せかけて神学を表現しようとする努力のように見えるかもしれないが、歴史が神学から生じたのと同じように、神学も歴史から生じたのである。本書は資料の選び方と強調の仕方に関して恣意的であると解釈されるかもしれないが、ここで［提示する］解釈は資料研究に基づくものであって、アプリオリな構想に史実を押し込めたものではない。

ここで、この研究で私が得た、いくつかの確信を強調してもよいだろうか。本書に表される確信よりも強いものであるが、第一の確信は、キリスト教は、制度または制度の組み合わせとしてよりも運動として理解されるべきであるということである。これはアメリカにおいても他の場所においても、特にプロテスタンティズムにおいてまたアメリカにおいてそうである。それは律法であるより福音であり、静的であるより動的である。キリスト教の真髄は、倫理的プログラムに表れるものではないのと同様、教義的な信条に表れるものでもないということである。時には信条が重要であったこともあるかもしれないが、それらは、キリスト教の生命から引き出されたものであって、もし生命から引き出されたものであることが認識されない場合には足かせとなるのである。真の教会は、組織ではなく、「召集」されたり「遣わされたり」した者の有機体的な運動なのである。制度化された教会は、教派《デノミネーション》の形、国教会の形、自由主義的プログラムや保守的信条の形で表れるが、それらはキリスト教運動とキリスト教運動の間の通過点にすぎない。ローマ・カトリック教会ではなくフランシスコ派の革命が、プロテスタント教会ではなく宗教改革が、教派《デノミネーション》ではなく福音主義的信仰復興が、福音の実を保存して——そしてそれを否定して——キリスト教とは何であるかを示している。キリスト教がめざすものは無限で永遠なる神であるため、絶えず超越的なものへ向かう運動と生命のみが、その意味を表現できるのである。

第二の確信は、第一の確信に密接に関連している。キリスト教が運動であるとすると、キリスト教は他界または現世のいずれかの方向に向かう単純な前進であるという形で表現することはできない。また、キリスト教を静的な見方に必ず伴う二元論によって表すこともできない。神は世界に関わり、世界は神に際限なく依存しているにもかかわらず、自立した道を行こうとする。そして、神は神が救う愛の対象であり続ける堕落した世界に対して関わるが、神は、神の命令に従順であろうとする者たちに、弁証法的な運動を求めるのである。この弁証法は、礼拝と行為において表現される。つまり神へ向かうことと、神のうちにあって愛されている世界へ向かうことに表される。また永遠の神の国へ向かう遍歴に表され、神の意志を現世で実現したいという望みに表現される。［他方］救済するキリスト教を、無限の永遠なる神が人を自分の方へ引き寄せようとする一方向的な運動として表現することはできない。なぜなら、この神は、世界を救うためにそのひとり子を遣わすほどに、この世を愛しているからである。同様に、キリスト教を被造物への愛としてのみ表現することもできない。なぜなら、被造物の価値はそれ自体にではなく、神にのみ存在するからである。教会の生命は、個々のキリスト者の生命と同様、この弁証法的運動を示しており、アメリカのキリスト教も他の国のキリスト教と同様にその運動を表現している。いつの時代の人間も、先人たちが真理の半分しか見ていなかったと批判する悪癖を持つが、そのように批判される自分の局部性と不完全さには気づかないものである。われわれの思想と信仰は、断片的なままである。思想と信仰のめざすものだけが一つである。真に普遍的なキリスト教は、この弁証法を休止させる綜合《ジンテーゼ》を求めたりはしない――神だけが綜合をもたらすことができるのである――。そうではなく普遍的なキリスト教は、自身の関心の局部性を十分理解し、局部的な業に意味を与えている有機的な生命全体を全面的に信じて、その時代において、ふさわしい業を行うのである。普遍教会が目に見えないのは、どのようなキリスト者の社会も国家も普遍的なものを表現することはできないという事実のためだけではない。永遠なものとそれが創造したイメージに向かう運動の意味のすべては、ある一つの時代によって示されるのではなく、すべての時代を通して示されるという事実のためである。今日では、キリスト教は制度化され、特にアメリカにおいて教派に分断されているが、アメリカが大いに必要としているのは、見えない普遍教会があるとする信仰の回復である。キリスト教運動が弁証法的性質を持ち連続性を持っていると理解することが、そのような回復にとって一つの助けとなる。それによってわれわれは、自分の集団が表現しているキリスト教運動とは別の局面を表現している者たちに対して寛容になり、彼らを理解し、愛することができるようになる。それは、われわれ自身が限界を持っていることを警告してくれるが、他方ではわれわれが全力を挙げて自分の業を行う勇気を与える。また、それは、キリスト教の統一性を求める勇気をわれわれに与える。漠然とした感傷主義のレベルの統一性ではなく、共通の信仰を持っているという確信により実り多い論争を生み出す者たちの、活発な知的・道徳的論争のレベルでの統一である。

　最後の確信は、アメリカのキリスト教とアメリカの文化は、神が絶対主権を持ち、生きておられ、愛であるというその神への信仰に基づくのでなければ、まったく理解できないということである。すべてのものが、神を離れては無意味であり、存在しないのと同じである。神と神の赦しがないとすれば、国民性も、また一つの国の中で特殊な形をとったキリスト教でさえも、創造的であるより破壊的なものになる。神の国思想の歴史は、神の国の歴史に通じる。それゆえ、私の最大の希望は、この研究が「足がかり」となって、アメリカのアウグスティヌスともいうべき人物が『神の国』を書いて、古代ローマの代わりに現代文明との関わりで永遠の都市の物語を描いてくれることである。あるいはジョナサン・エドワーズの生まれ変わりが、われわれの時代のために『贖いの御業の歴史』をもたらしてくれることである。

以下の章は、大部分、一九三六年七月に、ハーバード大学神学部の創立三〇〇年記念の夏期講座で講義され、一九三七年一月、シカゴ神学校でオールデン-トゥシル財団の支援で再度講義されたものである。この研究が暫定的なものとはいえ、ここに表されたような結論へと導かれたことについては、スペリー学部長とパーマー校長、そして彼らの同僚、特にA・C・マクギファート・ジュニア教授、およびケンブリッジ[＊5]とシカゴの聴衆から受けた多くの刺激と励ましに多くを負っている。また、私の思考力と表現力を超えたところにある真理へ向かおうとする私の発表を受けとめる際に、彼らが示した好意的態度に厚く感謝する。私はまた、「アメリカのキリスト教の倫理的理想」に関する講義とセミナーに出席した多くの学生諸君と、原稿を読んで批判してくれたわが友レイモンド・モリス教授にも感謝したい。

H・リチャード・ニーバー

ニュー・ヘヴン、コネチカット
一九三七年四月二十九日

［訳注］

＊1　カーク教授。Kenneth Escott Kirk, 1886. 2. 21-1954. 6. 8. 英国国教会の神学者。ここで取り上げられているものは *The Vision of God : The Christian Doctrine of the Summum Bonum*, 1931 であろう。

＊2　エキュメニズム運動の中で、一九二五年に開催された「生活と実践」世界会議（Universal Christian Council for Life and Work）のこと。

＊3　James Truslow Adames, 1878. 10. 8-1949. 5. 18. アメリカの歴史家。Founding of New England, 1921 ; The Epic of America, 1931（「アメリカン・ドリーム」という言葉を使った）など多数の著書がある。

＊4　Henri Bergson, Les deux sources de la moral et de la religion［ベルグソン『道徳と宗教の二源泉』中村雄二郎訳、白水社、一九七二年］。

＊5　ハーバード大学所在地であるマサチューセッツ州ケンブリッジ。

序論

過去を理解しようとするあらゆる試みは、現在と未来を理解しようとするための間接的な努力である。人は、今向かっている方向について何らかの知識を得るために、これまで歩んできた道を思い起こそうとする。なぜなら、彼らの物語は結末を予期する知識なしに始められたからである。彼らは、常に自分がどこへ向かっているのかを知る以前にすでに途上にある。また、目的地についての確かな予測を持っているというより、動機に駆り立てられて旅をしているのである。

歴史理解一般に当てはまることは、われわれが取りかかろうとしている試み――つまり起こったことを詳細に描写するというよりも、過去の中に見いだせる意味をありのまま示そうとする試み――に、特に当てはまる。この試みは巡礼者の冒険である。回想よりも行く先に対する関心を持ちつつ、同時に、過去と現在との連続性を理解し、真の予想は回想なしには不可能であることを知っているのが巡礼者だからである。この点で、二十世紀のキリスト者は、聖書の中のイスラエルの民が危機のたびにエジプトからの脱出、荒野の放浪、ヤーウェとのいにしえの契約を思い起こさなければならなかったのと同じように、慰めを見いだすだけでなく、それ以上に進むべき方向を見いだす必要があるのである。イスラエルの民は過去を振り返るとき、必ず、神が彼らの進むべき道に導いてくださるという洞察を得た。また、自分たちの存在の目的を理解し直し、時代という道を引き続き進むための新たな勇気を得た。混沌としているように見える過去の出来事は、律法学者とラビにも、預言者と詩人にも、あるパターンを示した。彼らはそのパターンを心に抱きながら、常に重要な時機に選択をした。同じような精神で、われわれは今日、アメリカのキリスト教の歴史に、われわれにとって同様の作用をするようなパターンはないかと問いかける。おそらくこの問いは、アメリカのキリスト者がいる状況の意味を示すだけでなく、イタリアにおいてであろうとアメリカにおいてであろうと、また十三世紀においてであろうと二十世紀においてであろうと、キリスト教がそれぞれの時代に歴史的、相対的性格を持たなければならなかったにもかかわらず、普遍的信仰としての性格を持った意味を、多少とも描くであろう。

一見したところ、そのようなパターンが存在するという仮説は、非常に恣意的に思われる。キリスト教は二十世紀間にわたり、さまざまな国でプローテウスのように変幻自在な姿を見せたが、アメリカほど、キリスト教が多様で雑多である場所はないように見えるからである。アメリカでは、キリスト教は中心的な組織を持たない。すなわち、セクト的組織を付随的に生んだにもかかわらず、既成教会が提供するような制度的核さえも持たない。また、共通の教義の体系が存在しないだけでなく、アメリカ特有の信仰告白もない。ドイツにおけるアウグスブルグ信仰告白やイギリスにおける三十九箇条とウェストミンスター信仰告白は、過去の危機的で形成的な時代の中に現れたもので、父親たちが苦しんで勝ち取った宗教的見解の宝庫であり、子どもの世代に対する霊的な訓育プログラムであり続けたのであるが、アメリカにはそうしたものはないのである。アメリカでは、国家的儀礼や「祈祷書」がなかったので、世代を越えて、その宗教思想を［「祈祷書」のような］古典的な型にはめ込むこともなく、その敬虔な感情を［信仰告白のような］浄化された表現へと方向づけることもない。アメリカのキリスト教という一つの歴史の代わりに、われわれは複数の歴史をたどってきたように思う。すなわち、ニュー・イングランドの会衆派の歴史、ペンシルベニアのセクトの歴史、ニューヨークとバージニアのアングリカン（聖公会）の歴史、長老派とメソジスト派とそれに続いたフロンティアでのバプテスト運動の歴史、ドイツ系および北欧系移民の間でのルター派の歴史、メリーランドと十九世紀の移民たちの間でのカトリック教会の歴史、ボストンのユニテリアン派とクリスチャン・サイエンスの歴史、ユタのモルモン教の歴史、ロサンゼルスのフォースクエア福音教団（Four Square Gospel）[＊1]とアラバマの勝利する使徒の聖なる神の教会（Apostolic Overcoming Holy Church of God）[＊2]の歴史である。人が教派とセクト、あちらこちらの組織、いろいろな時代の運動について〔個々に〕語らなければならないならば、合衆国のキリスト教〔の全体像〕についてはどのように語ることができるだろうか？　この宗教的混沌は、バートランド・ラッセルの世界[＊3]と同じように、すべて汚点と妄想なのではないだろうか？

アメリカのキリスト教が多様で多元的であるという印象は、キリスト教と新世界の世俗的組織や世俗的運動との関係についての研究によって強まっている。教会と国家の関係、福音と教会、キリスト教的自由と市民的自由、信仰と民主主義、プロテスタンティズムと資本主義、キリスト教とナショナリズム、宗教と民衆の教育の関係、奴隷制、社会改革運動、帝国主義、国際主義、平和主義、社会主義と宗教の関係、これらすべての関係は多義的であいまいであるように見える。アメリカのキリスト教が世俗の社会活動の組織や運動のいずれかに対して、一貫して連続的な姿勢をとり、歴史家や観察者が「ここにアメリカのキリスト教が典型的に作用している」と述べることができたような時期がこれまでにあっただろうか。キリスト教は、いつもあらゆる問題に対して、どちらの陣営にもついてきたのではなかったか。アメリカの人々を数世代にわたってかき立ててきた道徳的な問いに対して、キリスト教が明解で明瞭な答えを持つことは、非常に稀である。したがって、教会の政策が純粋な便宜主義であると断ずる教会の批判者も正しいように思われるし、多くの教会の中の一つにすぎないものが行うことで教会全体が責められるべきではないと応じるキリスト教を擁護する者も、正しいように思われる。

こうした状況のもとで、アメリカのキリスト教に見られるパターンを探求することに対して一つの答えが、おのずと現れる。それは、多くの社会史家の答えであり、その最も徹底した最も論理的な形がマルクス主義の理論家によって示されている。この理論は、一般に次のように展開される。すなわち、アメリカにおけるキリスト教は、他の文化におけるどのような信仰とも同じように、随伴現象である。宗教は、政治的、経済的利害を叫ぶ声を、神秘的で空想的な言語にしておうむ返しに繰り返す。信仰は、人種、地域、そしてとりわけ経済的集団の防衛機構の一部である。この事実を理解しなければ、宗教の歴史にどのようなパターンも見いだすことはできない。この事実を理解すれば、底流にある社会学的な、または経済的なパターンが、信仰の教義や儀礼に忠実に再生されており、キリスト教の明らかに多元的なあり方が十分に理解可能な秩序に還元できることがわかる。政治、経済の地図を携えて行けば、われわれは、宗教の境界線をたどり、混乱している標識の中で道を見いだすことができる。ニュー・イングランドの聖徒の第一世代と第三世代が恩寵と神の絶対主権についての説教をしたとき、彼らは、入念な寓意を用いて、聴衆の心を占めていた政治的問いについて語っていたにすぎないことがわかる。反律法主義《アンチノミアニズム》と聖餐資格、幼児洗礼、自由意志、予定説をめぐる論争が、実は、旧来の貴族的階層と新興の中産階級の、または後者と貧困層の、または辺境と定住地の、または先着の移民と後着の移民の、階級闘争の表現であったことがわかる。そうして、われわれは、現在の選択を助けるパターンを宗教史にではなく、経済史や社会史全体の中に求めなければならない。われわれは次のようにいう。現代からの挑戦は、アメリカ文明を保持すること——すなわち、受け継がれてきた慣習と、特に、過去に権力が構築してきた特権の体系の保持——である。または、最初から「アメリカン・ドリーム」であった経済的、政治的革命を成就することであるともいえる。自分の利害と宗教の形を結びつける社会的保守主義者もあり、また、彼らに賛同して、宗教は既存の慣習と法の体系の譲れない部分であると主張する革命家も存在するのではあるが、信仰の象徴をわれわれの旗印として、この挑戦に立ち向かうかどうかということは、大した問題ではない。

非常に手短かに述べてしまったが、社会学的な回答は、教会文化《エクレシア》の意味を探求する者にとっては非常に魅力的である。それは、単純な仮説への要求に応え、不明瞭であった事実の多くを説明する［たとえば次のような場合である］。教会の中心に政治的、経済的な派閥が生まれたり、人種的、民族的区分が生じたりして、教会内に亀裂ができたことが指摘される場合である。また、宗教的な思想と態度が、工業労働者や農業労働者の習慣や債権者と債務者の習慣をどのように反映しているかを理解する場合である。教会組織の形態と政治構造の形態とが呼応していることを吟味する場合、また政治的、経済的危機の時代のキリスト教集団がいかなる行動をとるかを研究する場合である。これらの場合、社会学的仮説を支持する証拠は説得力を持ち始める。宗教の中で起こったことの多くが社会学によって非常に明快に説明されるため、研究者たちは、信仰のどの部分もこの研究の視野から外そうとすることに不安を覚える。こうした仮説の中でも、［マルクス主義理論のように］人間の文化に影響を与えるのは経済的なパターンだけであるとするような極端なものは、行き過ぎた単純化であるとして却下されたのであるが、宗教の社会的基盤についてのより穏健な理論は、引き続き真剣に考慮されるべきである。たとえば、ベルグソンは、レヴィ‐ブリュルに続いて、宗教は防御装置であり、それによって社会は知性を解体する力と、意気消沈と死の恐怖から自身を守り、個人に対する要求を維持すると解釈して、［宗教の機能に］注意を喚起した(1)。問題になっている社会が国家であろうと、地域、人種、経済集団であろうと、その宗教は世俗的利害に大いに依存し、それらを守るように作られたものとして現れる。

アメリカの教会が社会に対して果たしてきた機能は、一般に、どの時代のどの信仰の宗教機関がそれぞれの社会に対して果たしてきた機能とも、それほど異ならないということは、もっともなことと思われる。原始宗教、儒教、ユダヤ教、ヒンズー教、イスラム教の宗教組織と同じように、アメリカの教会もまた、人々の道徳観を伝承し、それらとその宗教の創始者の良い訓告とを、見かけ上はほぼ同じものであると考える。さらに、この世を越えたところから、それらに是認を与えるのである。このようにして、それらは、新しく現れ、いつも幾分か反抗的でもある世代を過去の習慣に適合させる。そのことにより、常に不安定な社会秩序の均衡を維持する手助けをする。それらは、礼拝において、個人と集団の生が依拠する核を彼らの前に示し、彼らの活動を最高の価値を持つ実在に関連づけることによって、個人と集団の士気を強化してきた。個人が共同生活の要請する犠牲に耐えがたくなったとき、それらは、慰めと逃避を提供してきた。医学的な意味においてであろうとマルクス主義的な意味においてであろうと、それらは、依然としてアヘンを提供してきたのである。つまり革命と社会の再組織やいわゆる自然の克服にもかかわらず、失望をもたらす困難な状況の中で人々が生きることを可能にするものであった。

そのような信仰は、ピルグリム・ファーザーズ、ピューリタン、クエーカーに並外れた信念を与えて、貧困と絶望に耐え、そして荒れる海と不気味な知られざる大陸の間での生命の危機に耐えられるようにした。法と慣習による社会的圧力が存在せず、個人の生における分離主義的傾向に対してかろうじて統合を保つこともできなかったとき、この信仰によって、開拓者は人間としての信頼を保持したり回復することができたのである。移民と開拓者は、信仰を通して、苦労して獲得した精神と情熱の規律を自分の子どもたちに伝えたが、それは、文化というものがほとんど存在しない自然そのものの土地では、若者の野蛮な精神に刻むことができないようなものである。その後、信仰は、宗教組織の守護者になったのであるが、それは新世界の粗野な鍛冶屋のように信仰を鍛造してきたのである。

マサチューセッツ湾に入植したピューリタンたちの第二世代は、自分たちは神に選ばれた民であるという信念によって力づけられて、アンドロスとランドルフ[＊4]に対してその自由を守ったのであるが、その頑固さを、人は、共感を持って理解したり、冷笑的に見たりする。人はまた、神が民全体をふるいにかけて、ニュー・イングランドのために最良の収穫を選んだという表現や、神の摂理によって、異教徒のインディアンは呪いにかけられて殺戮され、キリスト教徒のイギリス人のために道が用意されたという言い回しが繰り返されるのを、共感を持って聞いている。多くの人々はアメリカへの定住者たちがパンのみでは生きられないことを経験したように、神への礼拝と忍耐を経験しなければならなかったのである。パンが得られないとき、彼らは信仰によって空腹を満たすか、彼らにとってのエジプトの美食へと退却しなければならない。選ばれた民、約束の地というテーマのすべての変種が、後世――特に危機の時代――に賛美されたとき、人は再び、アメリカ人はキリスト教の中に社会的信仰を見いだし、またそれを形成したと主張する誘惑に駆られる。この社会的信仰によって、彼らは生きるための勇気を与えられ、苦労をして手に入れた社会の統合を守り、彼らの征服地の拡大を正当化する。要するに、それは、ドイツ人が人種と文化について持っている信念とも、フランス人が持つ民主的使命についての感覚とも、近代のロシア人が持った世界救済革命という福音とも大した違いはないのである。これらはすべて、自己への批判に対する防御であり、知的疑念に対する防御であり、犯したり犯されたりした残虐行為、勝利と敗北という現実の暴露に対する防御であり、すべての人間の努力を無益で覆ってしまう夜の闇に対する防御である。全体として国家はその運命を繰り返し確認し、多少とも宗教的なものとして理解される信念を持つが、［国家の］諸部分、諸地域、諸集団もまた、団結心を保存し、特異な組織を守ることを可能にする信仰を見いだしたり形成したりするのである。

このようにしてアメリカにおける神の国は、アメリカこそ神の国であるととらえられることになる。普遍的観念が個別化されるのではなく、特殊が普遍化されるのである。それは、新世界に対する福音の影響を表現するものであるというより、新しい社会がそれ自身の目的のために福音を利用したり、順応させたりしたことの表現となる。

合衆国における宗教生活のパターンをこのように描写することは、明らかに妥当であるため、非常に魅力的である。しかしながら、その描写が十分なものであるかについては、疑わざるを得ない。それで、ベルグソンは、宗教の発展の全体を社会の維持・防衛のパターンに当てはめることは不可能であると考えた。この見解に基づく場合、神秘主義と、すべての創造的、攻撃的、動的信仰はどのように扱われるべきだろうか。アモス、イザヤ、エレミヤ、イエス、パウロ、アッシジのフランチェスコ、マルティン・ルター、その他多くの預言者を、社会的要因によって決定された信仰体系に当てはめることは、不可能でないまでも困難である。宗教には、または少なくともキリスト教には、革命的で創造的な傾向がある。つまり、こうしたパターンに還元されることを認めない傾向がある。確かに、革命の指導者や革命運動の中にさえ、いわゆる世俗的利害が存在することは否定できない。しかし、この場合、信仰が主導権を握っているように思われるのである。預言者とイエスを社会学的で社会主義的な用語で解釈しようというさまざまな試みが実りをもたらさないのは、そこには何か非常に重要なことが欠落していたためである。それらは、生からあまりに分離していて、それらが描いた肖像は見分けがつかないほどである。特に、アメリカのキリスト教の歴史に注意を向けるとき、われわれは、ジョン・コットンやロジャー・ウィリアムズ、ジョナサン・エドワーズ、チャニングなどのような新しい運動の創始者と称される人物が、当初は社会への忠誠心の代表者だったという社会史家の議論には、ほとんど満足しない。[2]というのは、これらの人物や彼らが始めた運動が忠誠を示した神の国は、単なるアメリカ文化であったり、政治的、経済的利害が昇華され理想化されたものではなかったからでである。それはむしろ、アメリカ以前に存在し、この国がその政治と経済において従うように課されている神の国であった。われわれは、彼らが表した流れを預言者の流れと称することができるであろう。なぜならば、ヘブライの預言者とその反対者、すなわち偽預言者を区別するための一つの点は、前者が神と神の国から出発して、イスラエルがそれらに適応することを要請するのに対して、後者はイスラエルとその諸機関から出発して、それらを神の国にまで引き上げるという点である。預言者の流れや革命の流れは、保持よりも再生を要求する。それは、神の庇護よりも神の審判を告げ知らせる。そして、それは、人間の勝利よりもむしろ神による救済を待望する。それは、アメリカの歴史に並外れた程度で存在した。そして、神の国の存在を最小限にし、アメリカの歴史を神の国とは関わりのない言葉で説明しようとする解釈は、どのようなものでも不適切である。その解釈の中では、預言者は、都市に住む彼らの反対者よりも遊牧文明の人々に近かったとか、パウロは、ユダヤ人としてはヘレニズム的であったので、彼が戦ったユダヤ化の推進者たちほどにはユダヤ文化の保持に利害関係を持たなかったとか、中産階級のピューリタンたちは、封建的貴族制支配に対して経済的反抗を起こしていたとか、動的信仰と合衆国の開拓者精神の間には、親和関係があった、などという解釈が容認されるかもしれない。しかし、もし、われわれがこれらの人々が自分について語ったことや運動それ自身について語ったことを解釈し直そうと考えたり、彼らの目的や動機について彼ら自身よりも深く理解していると主張しようとするのでなければ、われわれはこれらの現象を純粋に社会学的解釈の形に押し込めることが非常に困難であることに気づくであろう。

ベルグソンは、宗教的制度や静的宗教と宗教運動や動的信仰の間には大きな違いがある、と指摘している。一方は保守的であるのに対して、他方は革新的である。一方は多少とも受動的で、生の他の領域の動的要素による影響に左右されるが、他方は攻撃的で、影響を受けるよりも影響を与える。一方は過去を振り返り、他方は未来を見る。

宗教生活の分析が、宗教制度のみを対象として運動を考慮から外している場合、その分析は非常に部分的なものにとどまり、運動から発した宗教制度をも正しく扱うことができない。つまり社会学的解釈は、アメリカの動的キリスト教よりもむしろ静的、受動的キリスト教を扱うので、それは、完璧な説明として満足できるものではない。

われわれは、このような解釈に対して、警戒感を持つ。というのは、信仰はこの解釈では道具的価値持っていることになるが、われわれは信仰は道具的価値以上のものを持っていると確信しているからである。防御こそが信仰の真意であると信じられているとしたら、信仰は人を守ることはできない。敬虔さ（信仰）はすべてのものに有益であるが、神よりも有益であるかどうかに関心が注がれるようになったとき、有益ではなくなる。この古くからあるジレンマは、虚構を必要とするいかなる教義によっても解決されない。むしろ実用主義より客観主義（objectivism）が知識の第一法則であるという認識によってのみ、解決されるのである。したがって、アメリカのキリスト教を理解しようとするならば、その運動が何を目的としているかを視野に入れるように、運動の中に立脚する必要がある。われわれが運動の外にある視点を採用するならば、キリスト教の運動を理解することはなく、それが偶然もたらしたものだけを見ることになり、その結果、政治的、経済的利害によって奇妙に変形されたものとして説明しようとすることになる。

あらゆる運動は、あらゆる人間と同じように、批判される前に理解されるべきである。そして、どのような運動も、その前提、つまりそれが依拠している根本的な信仰が、少なくとも暫定的に受け入れられて初めて理解される。前提は、われわれ自身のものではないかもしれない。それを拒否して他のものを受け入れる、十分な理由を見いだすことがあるかもしれない。しかし、その立脚点に立たなければ理解は不可能であり、偶然にもわれわれが立つことになっている立脚点は普遍的なもので、われわれが批判している観点は相対的なものであるという仮説ほど、理解を妨げるものはない。政治や経済という観点から解釈する者たちは、政治的、経済的利害が彼らにとって、また現代世界にとって第一であるので、それらの価値が常に第一であると考える。つまり、経済的価値や政治権力が彼らの至上の価値であるため、それらは常に最高であると考える。彼らは、パリントンと同様、「歴史家は、神政政治の原理の起源を探し求めてさ迷う必要はない。それは、信徒と聖職者の私欲の中におのずと見いだせるからである」(3)と語ることができる。しかし、その結果、彼らは、自分が描こうとしている人物の前提よりも自分自身の前提を説明することになるのである。

自分が生きている時代や社会に対する相対的な見方や主張を、絶対的な出発点であるとするこのような仮説は、問題の回避である。神による決定という教理に代えて経済決定論や人間の自己決定主義を採用するとき、われわれは、恣意的選択をすることになる。さらに、その選択は、われわれが神による決定を説く者の思想を理解することを妨げ、自分自身と自分の世界についての彼らの解釈の正当性を最初から否定する。自分自身の前提に向き合ったことのない者にとっては、現世的なことは他界的なことよりも客観的であるように思われた。彼らがそれに向き合うとき、彼らは、究極的な教理は、他界的人間についての教理がそうであるのと少なくとも同じくらいには、信仰の問題であるということを知るようになる。控えめに言っても、人間の自由や社会の状況が生を決定づける力であるという確信にも、存在を創造する源は運命の支配者であるという教理にも、純粋な仮定はない。経済階級が根源的な社会集団であるという信念の背後には、少なくとも十九世紀の一時的で束の間の体験がある。それは、宗教的信条が集団間の基本的境界線を記すものであるという考え方に、十六世紀の移ろいゆく体験があったのと同じである。

このような考察によって、われわれは、アメリカのキリスト教がアメリカ文化にどのような関係を持っているかを理解しようとする。その場合、文化よりもむしろキリスト教を出発点とすることによって理解しようとすることが妥当であると主張する。そうした後に、その結果を反対のアプローチから得られた結果と比較し、宗教と文化の関係を、一つの視点から見るよりもより適切に理解しようと試みるだろう。しかし、まずは、われわれは、われわれのキリスト教をそれ自身から理解する必要がある。何か他のパターンをそれに押し付けるのではなく、それ自身のうちにあるパターンを探求するべきである。理想は、外部から導入されるのではなく、実在するもののうちに求められるべきである。われわれは次のように問う、この多様な現象のうちに統合の原理は存在するのだろうか。この運動には発展の法則があるのだろうか。自ずと顕れ、その性質と法則についてのヘーゲル的な前提なしに、われわれが少なくともぼんやりと、あらましだけでも理解できるような指導的観念が存在するのだろうか。もちろん、これらの問いに答えようとする努力はみな、アメリカの信仰の歴史的過程にあるわれわれ自身の状況と関連し合う。つまり信仰は、それ自身が変動し移行する場面の一部であるので究極的なものに帰属できないように、それ自体としては究極性を主張することはできないのである。しかしながら、船乗りが航海を続けるために、父祖たちが航海に出るときに使っていた海図を使い、その海図に加えられたすべての修正を考慮に入れ、方向を示す星を探すことによって方位を知ろうとするように、船乗り〔信仰者たち〕は少なくとも航海の意味に対して忠実であろうとしていると主張することができるのである。

〔注〕

（1）Henri Bergson, *The Two Sources of Morality and Religion* (New York, 1935), chap. 2〔ベルグソン『道徳と宗教の二源泉』

中村雄二郎訳、白水社、一九七二年、一四五頁〕、E. Durkheim, *The Elementary Forms of Religious Life* (London, 1915), pp. 419 f.〔デュルケム『宗教生活の原初形態』上・下、古野清人訳、岩波書店、一九四一-四二年〕; Lucien Levy-Bruhl, *The "Soul" of the Primitive* (London, 1928)〔レヴィ・ブリュル『未開社会の思惟』上・下、山田吉彦訳、岩波書店、一九五三年〕を参照。

（2）Vernon Louis Parrington, *Main Currents in American Thought* (New York, Harcourt, Brace, 1927-30). パリントンは、「われわれが古い言い回しを今日の表現に決然と言い換えさえすれば、つまりわれわれが神学への関心を抑えて闘争の政治と経済に関心を向けるならば」、われわれは「聖書論争の霧」とピューリタンの「難解な神学」を取り除くことができると信じている（I, 6）。カルヴァン派の重要性は、「わざわざ教義を政治的用語に置き換えようとするもの」なら誰にでも、明らかになる（*ibid.*, p.13）。ロジャー・ウィリアムズは、「神学者というよりむしろ、まずは政治哲学者であった。宗教の寛容は、彼の政治理論の主な原理から必然的に導き出されたものである」（*ibid.*, p.66）。ジョナサン・エドワーズは、社会的傾向との関連で解釈される場合、「より自由な未来へ向かう道というよりもむしろ絶対主義的な過去へ帰る道をたどる」偉大な時代錯誤の人物であった（*ibid.*, p.148 f., 156）。パリントンのような社会解釈者にとっては、政治的、経済的関心が唯一実在するものであり、政治と経済の言語が唯一の普遍的言語なのである。

（3）Vernon Louis Parrington, *op. cit.*, I, 19.

〔訳注〕

＊1　一九一五年にエイミ・S・マクファースンによって始められた教団。

＊2　一九一九年にW・T・フィリップスによって始められた黒人のペンテコステ派教会。

＊3　「宇宙的世界観」「天文学的世界観」のこと。ラッセルは、広大無辺の宇宙の中の一恒星の小さな惑星にすぎない地球における経験が因果的な重要性を持つとは考えない。彼のような世界観に立つならば、アメリカのキリスト教史に何らかのパターンを見いだすことはできず、すべてが宗教的混沌であるととらえられることになる。

＊4　サー・エドマンド・アンドロス（一六三七-一七一四）とエドワード・ランドルフ（一六三二-一七〇三）。一六八五-

六年に国王領となったニュー・イングランドにイギリス本国から派遣された総督と役人。

第一章　形成的プロテスタンティズムの問題

I　プロテスタンティズムにおける神の国

アメリカにおけるキリスト教運動のパターンを描こうとするならば、プロテスタント宗教改革から始めなければならない。もちろん、ローマ・カトリック教会は、アメリカの社会生活に重要な貢献をしてきた。また、新世界の宗教の起源は、ルターやカルヴァンに導かれたプロテスタント運動よりも、ウィクリフから発するセクト的伝統に求められるべきであるという主張には幾分かの真理がある[1]。しかし、歴史と宗教調査が支持しているのは、プロテスタンティズムがアメリカの「唯一の国民的宗教であり、その事実を無視することは、この国を間違った視点から見ることになる[2]」という言説である。

宗教運動としての宗教改革は、何よりも神が現在における絶対主権と主導権を持つということを鮮やかに主張したことによって特徴づけられる。これらの用語［神の絶対主権と主導権］は、通常、ルター派よりもカルヴァン派に関連づけて使われ、ルター派は、信仰義認と聖書主義を強調するといわれている。しかし、どちらの思想も、その根拠となっている前提から意味と力を得ているのであり、その前提が神の主導権であるということは、明らかであろう。赦し、救うのは神であって、人ではない。真理と生を明らかにするのは神であって、人間の理性ではない。確かにカルヴァンは、ルターよりもこの前提を明確にして、神の威厳のある、動的な側面を強く主張している。しかし、どちらの場合も、新しい信仰の根本的な原理は、預言者的な神の国思想である。神は王であり、人は全面的に神に依存している。神は、即座に服従することを人に求める。神は、人間の側の功徳や力添えには関わりなく、汚れのない恩寵によって人間を救う。神は、無知で謙虚な者たちに顕れ、賢く分別のある者からは姿を隠す［ルカ一七・二一］。神を畏れることは知恵の初めである［箴言一・七］。神は、アルファ（初め）であり、オメガ（終わり）［ヨハネの黙示録一・八、二一・六］である。宗教改革者たちは、これらの教えの多くを彼らの対抗勢力であるカトリック教会と共有している。彼らは、カトリックの教師と聖書からそれを学んだからである。中世の教会はまた、最終的な救済は神のみから与えられること、神の恩寵なしには神を見ることができないこと、神は生の目標であると同時に源でもあり、探求される者であると同時に探求する者でもあることを教えた。しかし、プロテスタンティズムは、ユダヤ教とキリスト教のあらゆる再活性化運動と同じように、すでに生気を失っていたこれらの思想に生気を再び取り戻させたのである。習慣的に信じられてきたことが、緊急に確信すべきことになった。古くからの公認の教理として教えられてきたことが、生き生きとした体験として認識された。多くの真理の中の一つとされてきたものが、唯一の真理となった。この意味で、神の国思想は、新しい運動の顕著な特徴となったのである。

プロテスタントは神の実在性《リアリティ》が絶対的優越性を持っていると理解するが、その信仰は中世後期の制度化された信仰におけるよりも、その程度においてより生き生きとしているというだけでなく、その性質においてもどこか異なっている。ローマ・カトリックは、神は、真、善、美の永遠の完成であると考える傾向にあった。教会はこの概念によってその子どもたちを神のヴィジョンへと導くのである。トマス・アクィナスは次のように語った。「人にとっての最終的な目標は、真理の観想であり、この目標にこそ、人間の他の活動はすべて向かうべきである」。また、「知的な生物がめざしているものの最終的な目標は、神をその本来あるがままのものとして見ることである」[3]。K・E・カーク教授は、大家にふさわしい見事な仕方で、人の最大の善についてのカトリック的概念の歴史をたどり、教会が、その探求の中で、どのようにして革新的異端と保守的異端の間の道を用心深く選んできたかを示した[4]。この見方を思わせる多くの言説が、プロテスタントの著作家に見られる。確かに、この［中道の］理論は一度も退けられず、新しい運動の神学において常に一つの要素となっている。しかし、ルター、カルヴァンや彼らに従った者たちが、その思想に、アクィナスやカトリック教徒全般と同じくらい強い関心を持っていたとは思われない。それは、生と神の問題に対する彼らのアプローチを表現しているわけではない。彼らの心に感銘を与えた神の特質は、神の変わらない完全性であるよりも、神の力強い実在性《リアリティ》と力であった。哲学的に言えば、プロテスタントは実在論者（realists）というより唯名論者（nominalists）である。しかし、彼らは第一に哲学的な意味で描かれるべきではない。というのは、彼らの宗教的見識は、アリストテレスやプラトンにではなく、預言者たちによって導かれているからである。倫理学的に言えば、カトリックの倫理が基本的に目的論であるのに対して、プロテスタントは形式主義者（formalists）である。カトリックが目的という意味で描くことを、プロテスタントは希望として育みつつ、まずは戒律に従うことを強調する。しかし、彼らは、そもそも倫理家ではなかった。形而上学的、倫理学的用語よりもむしろ宗教的用語によって彼らは説明されるべきであり、キリスト教の言葉では、カトリックとプロテスタントの考え方の区別は、見神《ヴィジオ・デイ》と神の王国《レグヌム・デイ》の間の対照として要約できるだろう。

　ヴィジョン（見神）をキリスト教的生の究極的原理と見なすことは、プラトン、アリストテレス、プロティノスの後に続くということである。たとえどれほど、ギリシア的な実在論がヘブライの預言者との交わりによって修正されたとしてもである。一方、「神の国」を語ることは、イザヤ、エレミヤ、ナザレのイエスと同じ立場をとることであり、そのことは、ヘレニズムの叡智がどれほどその見識を豊かにし、実践を導いたところで変わりがない。見神を人間の最大の善であると称することは、どれほどそれが行為によって用意され、行為の中に現れたとしても、観想を生の最終目標とするということである。神の絶対主権を第一のものとすることは、行為には思弁《テオリア》がどれほど必要であるとしても、観想よりも服従の行為を優位とすることである。ヴィジョンの原理が示唆しているのは、見られる対象は完全であるという理由で何にもまして愛されるということである。それに対して神の国の原理は、服従を命じる存在のリアリティと力が第一に尊重されることを示している。〔トマス・マクィナスの〕最初の言葉も、〔見られる対象より〕見ようとしている者の側に主導権があり、見られる対象は幾分か静止したものとして認識されるという意味に解釈される。そして、実際、ローマ・カトリック教会は常に、キリスト教的な、または「他界観的なヒューマニズム」[5]の傾向を持ち、人の合理的観察は、決して完全ではないとしても十分に、神の真理を見抜くと信じている。〔他方〕「神の国」という表現は、神の主導権を全面的に強調している。〔ただし〕ヴィジョンのキリスト教と神の国のキリスト教との間にある違いについては、〔両者が〕根本的には一致していることをあいまいにしてしまうほどには力説されるべきではない。見神《ヴィジオ・デイ》にせよ神の王国《レグヌム・デイ》にせよ、トマス・モアの表現を使えば「神が主導する」ということなのである。終わりと初めのどちらが強調されるにせよ、神は終わりであり初めであり続けている。キリストは、啓示者と呼ばれようと主と呼ばれようと、仲保者である。ギリシア人であろうとユダヤ人であろうと、キリストにある者は新しい被造物になる。しかし、それでもこの二つのタイプのキリスト教の相違は、過去において重要であったように、また未来においても重要であるということも事実である。というのは、この二つは、啓示によって啓発された理性の形にさえ閉じ込められることを拒絶するリアリティについては、補足し合う見解に他ならないからである。

神の国に対するプロテスタントの関心を説明するときには、その思想の表現形態よりもその中身を考慮することが重要である。中世カトリック教会もまた、神の聖なる支配という概念を使うが、その支配を組織化された位階構造《ヒエラルヒー》と考えている。それに対して、プロテスタントはそれを、直観的で直接的なものであると表現している。中世の神学によれば、神はすべての被造物が一つの有機体の中で調和するように命じた。そこでは、より上位にあるものが下位のものを支配し、教会はキリストの代理であり恩寵の機関でもあり、この世において人間を最終的に支配する統治者である。神が統治していることは、初めにも終わりにも、創造においても受肉においても、教会の設立においても、最後の審判においても、至福の教えにおいても明らかであった。しかし、生の中間的段階は、神の智恵にあずかっているものによって、神の智恵にあずかっている度合いに応じて支配された。カトリック教会は、現在と同じように当時も、計画された社会を象徴しているが、プラトンの『国家論』はその偉大な例である。神が「前もって」計画を立てた。理性は、部分的にその計画を認識し、啓示は、理性が受けつけないようなものを開示する。神はまた、計画を実行するが、それを行うのはこの世の補佐役である。それで、トマス・アクィナスは、神がすべてのものを直接支配するという見解を退けて、「統治の構想に関しては、神は一切を自ら直接に統治するが、その遂行・執行については、神はあるものを別のものを通じて統治する」(6)と述べている。「神は、その最も小さなものにいたるまで、すべてのものについての統治の理念を有する」が、被造物のうちの善のために、彼は「あるものを別のものの統治における因とするような仕方で諸事物を統治する」。このような建築技術的または有機体的な生の観念が、どのようにして封建的な階層秩序を正当化したかはよく知られている。このような状況のもとで、「神の国」という用語は、容易に「教会に統治された社会」を意味するようになった。

このような神の国概念に対して、プロテスタンティズムは異議を申し立てたのである。理性が事物の中に認識した計画は、人の私欲が考え出した計画と同様に疑わしいものなのではなかったのか。哲学者たちが神の概念について神に従って考えようと努めるとき、彼らは自分たちが君臨する世界について考えていることに気づくのはなぜだろうか。そして、哲学者たちが哲学的瞑想の生が最も高貴な生とされるような世界のことを考えていることに気がつくのはなぜだろうか。なぜ修道士、祭司、教皇の理性が神の計画を見つけ、それによって自分の同胞に対する支配権と道徳的優越性についての主張を正当化したのであろうか。神の支配と理性の支配を同一のものと見なすことや、理性の支配と教会の支配を同一のものと見なすことは、ともに懐疑の目にさらされた。プロテスタントは、決して反理性主義者ではない。どれほど厳しく理性を批判したとしても、彼は、「魂の多面的活発さ」が「人間における神性のしるし」の一つであることを知っていた[7]。しかし、彼は、人が公明正大な真理に基づくのではなく、私欲に基づいて判断する傾向を持つことを、現代の心理学者とほとんど同じくらい、よく知っていた。したがって、彼は、理性を堕落し誤りやすいものとして語った。彼は、理性が神の世界統治のために考え出しまた擁護した計画は、永遠の真理によって発見されたものではなく、しばしば、「この世的精神」の発明であるということを知っている。これは、神の国の問題に対する、プロテスタントのアプローチの否定的な側面である。すべての計画は、相対的で私欲に支配され、したがって堕落した理性の産物であるので、人のどんな計画も組織も、普遍的な神の国と同一視できないということである。

すべての人間の主権に対するこのような否認に対応する肯定的な言説のほうが、より重要である。それは、神の直接支配の肯定である。神は、自分の口から発せられた言葉によって、すべてのものを直接統治する。そして、すべての政治組織、教会、個人は神に対して直接責任を負う。より上位のものが下位のものを統治する位階構造《ヒエラルヒー》の代わりに、プロテスタントは、多くの対等なものたちが、仲保者を介することなく直接、究極的な支配者と関わるという多様性の思想を表した。宗教的生においては、このような神の国概念は、万人祭司という語で表現される。他の領域では、それは、民主主義とナショナリズム双方の暗黙の前提となる。これらの領域では、この原理が働くようになるまでに長い時間がかかった。いずれの場合にも、プロテスタント信仰においては、神のみによる統治を告白し、神の国への忠誠を宣言することのほうが、神の支配をこの世で代理するものを拒絶することよりも重要な要素なのである。

［現代のように］神を信じない時代、またはそれほど神を信じない時代にあっては、宗教的プロテスタンティズムがこの原理を守った誠実さは疑わしいものであり、それが与えている力は不可解なままである。そうした時代には、プロテスタント運動は、一貫性に欠ける自由主義であるとして批判され、その運動はそれ自身の教義に逆らってその運動が解き放った私欲から力を得ているのだと説明される。しかし、プロテスタンティズムは、その神学と倫理学の出発点に自由な人間を据えるという意味での自由主義であったことはない。それが語っている人間の自由は、前提ではなく目標であった。人間に関する限り、人間が原罪にとらわれていることが前提とされているからである。プロテスタンティズムの真の出発点は、自由な神である。それで、カルヴァンは次のように告白している。

我々は、我々のものではない。したがって、我々は、自分の理性や、自分の意志や、自分の思いはかりと、なすべきこととに支配されてはならない。我々は、我々のものではない。したがって、我々は、肉によれば自分に都合の良いものを求めることに目的をおいてはならない。我々は、我々のものではない。したがって、我々はできる限り、己自身と己のものとを忘れなければならない。その逆に、我々は神のものである。したがって、我々は彼のために生き、彼のために死ぬべきである。我々は神のものである。したがって、我々のことごとくの行動は、神の智恵と意志とによって支配されねばならない。我々は神のものである。それならば、我々の生の一切の部分は、あげて唯一の正しい目的としての彼に向かわなくてはならない[8]。

この言説は、人がまず自分自身から、すなわち自分の理性、意志、理想、冷静さから始めなければならないという自由主義の仮説を拒否する点で、プロテスタントの特徴を備えている。さらにその特徴を示すのはそれが神の絶対主権をはっきりと主張し、神の名のもとに人を所有しているとするどのような組織や人間の主張もそれとなく拒否する点である。

プロテスタントの神の国思想には、生気と絶対性に加えて、第三の要素――時間的切迫性の要素――がある。アッシジのフランチェスコについての近年の解釈が示すところによれば、神の国とその到来についての彼の概念は、形式の上では当時の教会によって教えられていたことと一致しているが、その主張のされ方は教会のものとは異なっている。「彼においては、実在と来るべき時代《イーオン》の接近についての意識は生き生きとしたものであり、彼の宗教活動の最も力強い動機になっていた[9]」。十六、十七世紀のプロテスタント運動に関しても、同じような評価をすることができる。中世カトリック教会は、神の国到来についての教理を精神的な意味に解釈することによって、キリストの再臨および約束履行の遅れをキリスト教信仰の中に位置づけた。うまくいった場合には、このような調停は、精神的な解釈によって究極的な成就という約束を固守し、現在の生を最終的な目的に即して秩序づけることに成功する[10]。また、悪くても、それは、この世を神聖なものであると主張し、人の満たされない要求を未来に託すことによって、また社会の徹底的な再調整を先送りにすることによって、現存する秩序を維持しようとする保守的な努力となる。［それに対して］新しい運動は、神の支配と恩寵を仲介するシステムを耐えがたいと考えるだけでなく、生命の約束の成就が延期されることも認めがたいと考えている。その座右の銘は「今」である。義認は、今、理解されるべきである。救いの確証は、今、受け取られるべきである。そして、キリストの支配は、今、効力を発するべきなのである。

　待ちきれない到来への期待だけでなく時代の危機感も、神の国の到来が非常に現実的で間近なものであるように思わせた。あらゆるところに、生の古い秩序が消えようとしている兆候が見られた。戦闘の噂、ローマ帝国の衰退、新世界の発見、新しい思想と発明によって、大異変の不吉な予感と生命の刷新が示された。十六世紀、大陸の再洗礼派は、神の国の切迫という思想に特に影響されたが、より正統的な宗教改革運動家たちもまた、これを共有している。十七世紀のイングランドでは、ピューリタン革命とその後の共和国時代［一六四九～一六五三年］において急進派セクトが第五王国[*1]の到来を宣言したが、より保守的なピューリタンたちも、来るべき審判と復活を待望しながら生きていた。古いものは消えつつあり、新しいものはまだ現れていない、これらのすべての瞬間に、終わりと新しい始まりの待望に見られる重要な要素は、千年王国論的神話――炎、落下する星、雲から生まれた救世主、密教的な数占いなどのイメージ――ではなかった。それはむしろ、生命は重要な事柄であるが、そのうちには永続するものは何もないという確信、この世的で一時的なものは人間の信仰の重荷を引き受けることはできないという確信、救済は移りゆく世界への献身を放棄して永遠なものに望みをかけることを通してのみ可能となるという確信である。危機に対する感覚は、東洋的な預言が文字どおりに成就するとは信じていない人々の間に、革命への気運をはぐくんだ。なぜなら、それは、生の究極的な現実に直面する必要性を彼らに突きつけたためである。それで、プロテスタントにとっては、大異変や生の刷新の感覚は、神の国観念に切迫性を与えた。時機が間近に迫っているので、神の国に急いで入る必要があった。すべてのものを新しくする大きな革命は、もはやおぼろげな夢や通常の生の単なる頂点なのではなかった。それは間近に迫っていて、約束であると同時に脅威でもあるものであった。かつてしばしばそうであったように、再び、イエスが告げた告知が心の奥深くにまで響いた。「神の国は近づいた」。

これら三つの点において、十六、十七世紀のプロテスタント運動は、神の国にその中心と動機と目標を見いだしたのである。しかし、神の優越性、直接性、切迫性に対する理解は、プロテスタント運動を大きなディレンマに立たせることになった。そのような原理は、生の新しい秩序の構築にどのように利用することができるのだろうか？(*)

Ⅱ　プロテスタンティズムのディレンマ

プロテスタンティズムが異議申し立ての運動である限り、その神の国の原理は、非常に効果的に機能した。神の国の権威をもって、プロテスタントは、相対的な権力が絶対性を主張するときにはことごとくそれに挑戦した。とりわけ、中世世界を牛耳っていた巨大なもの[*2]の主張に挑戦したのである。制度化された教会は、神の生きた言葉に取って代わられる必要があったが、それは、当初は聖書を厳守するという意味ではなく、むしろ預言者的な意味でとらえられた。来るべき審判に照らすことによって、封建的で階層的な秩序の相対性と一時性が明らかになり、それがまとっていた栄光は取り除かれた。教会は、宗教的なものを賛美する一方で、世俗的生を軽視する道徳規範を示した。そして、個人的、家族的、政治的、経済的行動を規制した。また、社会習慣を安定化させて防御しようしたが、その社会慣習の形成の諸条件は急速に消えつつあるようなものであった。そのため、教会の道徳規範が持っていた至聖性は失われたのである。世界を覆っていた聖体布は取り払われ、人は、現在の善と悪の果てしない連続性の中にあって、はるかかなたの天国に備えなければならないという感覚を失った。社会生活において新しい勢力を妨害する古い習慣と制度は、特殊に対して普遍を、一時性に対して永遠性を明らかに表現している限り、効果的な抵抗力となってきた。しかしながらそれらは、自分たちが表現していると主張していた普遍的で永遠の真理の名において、挑戦を受けることになった。プロテスタンティズムは、政治や経済や、人種の世界で活動していた新しい勢力に、革命の哲学を提供した。優勢な権力に対する反乱、闇雲な非難にすぎなかったものが、独自の原理を備えた革命運動になったのである。

革命は、必ずと言ってよいほど、それに哲学を与えた者たちにとっては認めたり容赦したりできないような仕方で表れる。後の時代の似たような状況においてそうであったように当時もそうであった。つまり哲学を与えた者たちは、この世にある王国に代えて主とキリストの国を据えたいと考えていたが、反乱者たちは、それまでローマ・カトリック教会によって占められていた大地の上に、新たな人間の王国を建てることに関心があったのである。宗教的指導者は、あらゆる人間の権力に対抗する神の力を支持するのに対して、世俗的な運動は、已の権力を神聖であると考える。彼らは、教皇の教会が絶対的権力を行使することは誤りであったと考え、教皇制度に反対する者が権力を行使することは正しいとしたのである。教会に優越的な政治権力がないのならば、王たちにその権力を主張する権利があるということではないのか？　教会が経済的生を完全に支配し続けたことが誤りであったならば、経済人が自分自身を支配する権限を持つということなのではないか？　相対的組織や相対的人間が絶対性を主張することに代わって、別の相対的機関と個人が絶対的なものとされることになった。こうして、プロテスタンティズムは、解放された個人、社会、国家、政府に古い規律の代わりに新しい規律を受け入れさせるという困難な問題に直面したのである。こうした状況に置かれて、プロテスタントは、抗議と批判から形成へ移行することを迫られた。

新しい自由は、自動的に組織を作るものなのではなく、生のあらゆる領域において無秩序におびえるものなのであった。

　この問題は難しい問題であるが、プロテスタンティズム特有のディレンマは、ここにあるのではない。あらゆる革命運動が同じ問題に対処する必要に迫られ、時の経過とともに、そうしたすべての運動は——指導者が権力に対して十分な意志を持ち、自分たちが欲しているものについて適切な認識を持ち、また必要な非情さと駆け引きの術を備えている場合には——通常、混沌の中から一定の秩序を取り出すことに成功する。プロテスタンティズムのディレンマは、むしろ次のような要因の中に存在する。それは、権力への意志を持たず、また積極的原理を考えた場合には何も持たなかったことである。最高の権力は神のみのものであり、僭越にも人間が神の支配を行おうとすることが悪を招くと考えたからである。それは、めざす目標について明確な観念を持たず、また持とうとしても持つことはできなかった。未来は自由な神と共にあると考えたからである。そして、それは非情であることはできなかった。以前からずっと福音によって、そうであってはならないと命じられていると考えたためである。プロテスタント運動は、神による建設という考え方に立つので、人間による形成という原理を提供することが困難である。しかしながら、無気力に、神がすることを忍耐強く待つことはできない。人は、危機の中で生きていることは明らかであり、そこに留まっていることができず、破壊、あるいは生へ向かって急いでいるためである。神の国に向かって進むことが必要なのである。

　神の国に忠誠心を持つ市民のディレンマが表現されている領域の一つとして、道徳の領域が挙げられる。プロテスタントは、善悪、正邪の判断がどれほど相対的であるかを知っていた。また、社会の道徳的戒律がどれほど権力者の利益によって条件づけられているかを理解していた。さらに、プロテスタントは、真の善、すなわち正義は、無私無欲であり、それ自身のための善に関心を持っているが、それは神の賜物としてのみ訪れると確信していた。なぜならば、道徳的な人間の努力はすべて、道徳の領域での自己を高める努力に縛られているが、善それ自身のための愛は、善の自己啓示によってしか得られないからである。プロテスタントは、神はその自由で束縛のない恩寵によって、「律法のわざ」なしに人間を義とし、彼らのうちに赦された生の果実を実らせると信じていた。もしこれが本当ならば、人間に何ができただろうか？　人は、望ましい結果を得るために、自分の生をどのように組み立てるべきなのだろうか？　目的論的で階層的な倫理を持つカトリックの教理は、個人に対して明確な勧告を与えることができた。それは、人に神聖な生の型を示し、その中で、徳と悪徳を段階表に配置して、完全性へ向かう道に明確な段階を記して見せた。しかし、「神に従い、神を愛し、喜びとなることを為しなさい」と宣言する形式主義に、どのような倫理的な構築が可能だったのだろうか？　完全性が行為の問題としてではなく信仰と愛の問題として規定され、そのどちらもが人間による統制のもとに置かれるものでないとき、どのような明確な勧告が、完全を求める人間に与えられただろうか？[11]　プロテスタント原理は、すぐれた批判的知恵として、道徳主義からの要求を縮小し、律法主義に異議を申し立て、どんな特別な職業も無限の善に人を近づけることはないことを示す。それは、信徒たちが観想的な修道院生活に対して劣等感に悩み、偽りの後ろめたさを感じていたときに、信徒を抑制から解放したのである。しかし、それは、信徒の生を組織するのに必要な性質をまったく欠いているように見える。その中には、几帳面さは存在しない。それは、人が相対的な善と相対的な悪の間で選択できるような基準を提供しない。それは、人々の利害を調和させ、より高位のものが下位のものを統制するような段階的な価値を提供することもない。プロテスタンティズムは、道徳的無政府状態を招くというカトリックの批判に、反論することはできないように思われる。

道徳の領域に関して言えることは、政治と経済の領域についても当てはまる。神の絶対主権の名において、人は、主教と君主が主張する絶対的権威に対して異議を唱えることができる。しかし、その同じ原理が、同じように人民の専制的な支配に対して異議を申し立てることを要請するのである。われわれが神の国概念を、神の絶対的権威の簒奪者を打倒するための批判原理として利用するのはたやすいが、新しい政治秩序を構築するために神の国概念を用いるのは難しい。教会と国家が経済生活を統制することは、神の支配と彼らの支配を間違って同一視していることに基づく、いわれのない思い込みであるということを示すことはできる。しかし、人々を神の意志に注目させることによって商業と産業の新たな組織を形成することは難しい。こうした状況のもとでは、〔強制や因襲から〕解放された個々の経済人が、自分自身を絶対的なものと見なし、自分の利益と神の利益を同じものであると考えるのは避けられないように思われる。

プロテスタンティズムは、宗教においても同じディレンマに直面した。プロテスタンティズムが、草創期に対処しなければならなかった神の国の大いなる簒奪は、十七、十八世紀の政治的簒奪でもなければ、十九、二十世紀の経済的簒奪でもなかった。それはむしろ教会による神の国の簒奪だったのである。というのは、当時の教会は、君主と企業家が後に奪取することになった支配者の地位を主張していたからである。プロテスタンティズムは、教会が権力を否認することが、当然の帰結として、神の絶対主権を認めることになると結論づけた。神は王であり、われわれは神の民、神の教会、神に属するものであるから、われわれには神の名において支配する権利があると主張した者や、主張しようとする者もあるが、福音がプロテスタントに求めたのは、神は王であるが、われわれは常に傲慢と罪に屈しやすい者なので、支配権を主張する権利も理由も持たないと説くことである。特に教会は、世俗的権力のように絶対的権威を主張する権利を持たない。なぜならば、教会は、イエス・キリストを礎としており、そのイエス・キリストは自らを無にし、卑しめ、下僕の姿となられて、弟子たちに君主を持つ異邦人のような政治パターンに陥らないようにと説いたからである。

それにもかかわらず、宗教的生は組織されなければならない。単に聖なる主イエス・キリストを教会の支配者と考えるだけでは、個人のあらゆる種類の霊感に対して、つまり神の代弁者を自称する者の途方もない目論見に対して、道が開かれたままだということになるからである。神の言葉のみが教会を支配すると主張するのは良いが、では、神の言葉はどのようにして理解されるのか、誰がそれを告げるのか、いつ、どこで、誰に告げられるのか、誰によって実行されるのか？　カトリックの批判者が、プロテスタンティズムは、教会による支配と神による支配ののいずれかを選択するようにと、誤って告げたのだといっているが、その見方は正しかったのではないのか？　選択肢は、権威主義的教会を選ぶのか、どの集団も個人も神に代わって語ることができると主張する熱狂的なセクト主義の宗教的無政府状態を選ぶのかの二つだったのではないのか？

神の主権についての確信が強ければ強いほど、プロテスタンティズムは、そのディレンマから逃れられない。その確信が弱いところ、つまり世俗的関心が旧来の既成の形態に対抗する武器として新しい神学を採用しただけの場所では、あまり困難はない。そうしたところでは、教皇から国王へ、宗教会議から議会へ、教会法から経済法への変化があったとはいえ、古くからの神の国概念を採用することが可能であった。そこでは、「王は死んだ。国王、万歳」と人は叫ぶことができたのである。宗教の改革は、さまざまな利害関心によって支えられたり、利用されたりしており、それらは、その敵対者が有したほどにも聖なる力の実際の存在を信じていなかったため、運動全体を民族主義者の反抗や資本家の反抗であると解釈することも可能だった。しかし、宗教改革の宗教的著作をいくらかでも読んだ人間、政治的、経済的利益が常に根本をなし、信仰は随伴現象であるとする立場をとらない人間で、この［宗教改革］運動をそのように単純に解釈する者は一人もいないだろう。神が主導権を持って活動しているという確信が、宗教改革運動の中では非常にリアルである。神が［罪人を］義とする恩寵は、神に関心を向け、悔い改めの信仰生活の中で御霊の実を結ぶ人間によって経験された。そのような人間は、この確信により、教会や国家において権力を握ったり、新しい神の代理人を自認することを控える。神自身が、天国だけでなくこの世にも存在するので、そのような思い上がった考えをすることは不可能なのである。それがいかに浅はかなことであるかは、ローマの権力がその後失墜したことが示すとおりであるが、聖書に精通した者ならば、旧約聖書と新約聖書の多くの箇所にその教訓を読むことができるであろう。さらに、人がまことに悔い改め、信心深かったときは、彼らは教会にせよ国家にせよ、統治機構をほとんど必要としなかった。彼らは悪に抵抗はしなかったが、善を愛した。彼らは、自分自身より良い者たちの数を数えた。彼らには法廷、法、警察、軍隊を設立する必要もなかったのである。[12]しかし、明らかなことは――当時のことわざが述べているように――真のキリスト者は非常に離れたところで別々に暮らしており、また確信を持ったキリスト者の悔い改めと信仰でさえ、決して完全でも確かでもないということである。教会自体、神の国の真の市民だけから成っていたわけではないので、愛と調和によって教会内の法と権威が不要になるというようなことはなかったのである。神はその裁きを実行するが、神は反抗的な子どもたちの［悔い改め］を望んだので、子どもたちとその隣人が慰めを得るまであまりに長い期間［神が］忍耐をすることになった。古代教会が体験したディレンマが、再び現れた。どのようにすれば、神によって支配されているが、まだ腐敗している世界で暮らすことができるのか？　どのようにして人は、神々しいカエサルの支配のもとにある反抗的な国家の中にありながら、独立を得た普遍的で神聖な帝国の忠実な市民として暮らすことができるのだろうか？

Ⅲ　形成的プロテスタンティズム

形成原理としてのプロテスタンティズムの問題は、ディレンマの中にある生の問題として説明されるであろう。新しい権力の一つを絶対化し、それを神の国と称することでこの問題を回避することは、比較的容易であった。そして、このような解決法は、近代史の中にかなり頻繁に見られる。しかし、それでは、形成的統治原理はもはやプロテスタント的なものではない。それは、君主制的なものであったり、資本主義的、民主主義的、社会主義的なものであったりする。また、この世的権力すべての絶対性を否定して、絶対的なものの実在自体を否定する懐疑主義のやり方で、問題を回避することも容易である。この方法もまた、根本的でプロテスタント的な神の国原理の否定を伴う。プロテスタント運動自体が、これら異端の右派と左派の間に自らの道を見いだす必要があった。もちろん、それは、しばしば危険なまでにどちらか一方に接近して道を見いだしてきた。宗教における無政府状態を回避しようとして、それは、新たな絶対主義に非常に近づいた。または、絶対主義への反動で、それは懐疑主義に限りなく近づいた。そして、そのようにして運動は展開してきたのである。しかし、それが活力のある運動である限り、神の国の原理は、信者の一部を失いながらも、異端に陥ることのないように運動を繰り返し守ってきたのである。

本書の関心は、アメリカにおける神の国がたどってきた弁証法にあるので、ヨーロッパで試みられたプロテスタンティズムを批判的なものから形成的なものに変えるためのさまざまな試みを詳細に扱う必要はない。しかし、ヨーロッパにおける形成的プロテスタンティズムの三つの主要な型の特徴を簡潔に述べることは、有益であろう。アメリカの運動は、大部分それらから発しているからである。

ルターの形成的プロテスタンティズムは、あらゆるものを神の言葉の自由という考え方の上に置いたが、より懐疑的な者たちは、相変わらず、神の言葉によって領主、聖職者、経済生活の支配者をゆるがすと考えるのは、聖書の力をあまりに信頼しすぎていると見なしている。ルター派のモットーは当初から、

「御言葉にこの世の力は立つであろう。たとえそれに感謝を捧げないとしても」(“Das Wort sie sollen stan, Und kein Dank dafur haben.”[*3])。


であった。

ドイツのプロテスタンティズムは、聖書とこの世との弁証法に取り組んだ。そして、聖書の理論を絶対化する純粋な教理の段階を経て、聖書を個人化する敬虔主義や、合理化する観念論へと移行する。また、絶対的教理から聖書を解放し、聖書を純粋に歴史的なものとして相対化する自由主義を経て、国教化の企てとがそれに対抗する聖書の自由をあらためて主張する運動という現在の段階に至る。こうした多様な形成的プロテスタンティズムにおいては「この世界は」神の主権によって占有され、人間の精神は神の言葉によって支配される。明らかにルターは、いわゆる「現実世界」(natural things)の領域における神の絶対主権は、精神の領域におけるほどには深刻にそこなわれてはおらず、実際上の市民法と制度はまさしく自然法を表していると考えていた[13]。さらに、彼は、すべての「外面的な」ものを修道士のような、または敬虔主義的な無関心さで扱う傾向があった。とにかく彼の形成のための努力は、ほとんどすべて、霊的生活に対する絶対主権を神に与えるという目標に向けられていたのである。「この地

上に存して過ぎゆく地の国に属するものについては、人間が確かに神からその支配権を受けているが、天に属し永遠の国に属するものは、天の主にのみ従属する」[14]。神のみが人の霊を支配することができ、霊のみが本当に重要である。したがって、ルターから起こったプロテスタンティズムは、御言葉の自由を維持することに精力を集中させ続け、純粋に世俗的な事柄であると思われるものについては、政治的権力と経済的権力に委ねる傾向がある。御言葉が束縛されていなければ、御言葉は、支配者と裕福な者を回心させて、この世に父のような慈愛に満ち、理にかなった支配がもたらされると、それは確信するのである。

ジュネーブとスコットランドの形成的プロテスタンティズムは、今日言われているように、より現実主義的であった。カルヴァンは、目につくほどに権力への意志を持っていたわけではない。そして、キリスト者が皆そうであるように、神の国は神だけのもので、たとえプロテスタントの説教者であろうとも、この世において自ら神の代理人を任ずるものに属するものではないと確信していた。しかし、カルヴァンは、ルター以上により鋭く、悪を抑制する必要性と、無制限の抑止力を人間の機関に与えることに伴う危険性の両方に気づいていた。彼は、抑制を、善の実現へ向かう積極的な歩みであるとは考えない。抑制はむしろ、個人と社会が破壊へ駆り立てられることを防ぐ手段であり、君主、経済の指導者、あるいは教会の指導者たちが神の国の王位を強奪することから守る手だてである。さらに二つの原理が、この形成的プロテスタンティズムを特徴づけていた。その一つは、法治主義である。カルヴァン主義を聖職者政治であると見なすのは、誤りである。つまり、国家は、理論の上でも実践の上でも教会に従属するものではなく、それは教会が国家に従属していないのと同様である。両者は共に共通の法、すなわち聖書と自然界の中に告げられている神の意志に従う。そして両者の協力は、両者を支配する神の国に対する共通の忠誠心によって確かなものになる。教会の指導者は、まぎれもなく聖書の解釈者なのであるが、彼らが提供した解釈を信奉することを為政者に強いる権限を持つわけではない。共に神の国に従属しているものでありながら、教会と国家は明確に分離されたので、ローマ教会の神の国観が維持してきたものとはまったく異なる生の構成が示された。形成的カルヴァン主義の第三の特徴は、普遍主義である。カルヴァン主義は、予定説を説き、神のみが被造物の運命を決定できると認めたのであるが、それにもかかわらず人間の生のどの部分をも、救済の望みがないものとして諦めることは断固として拒否した。すなわち、経済も政治も、教会も肉体的な生も、ただ一時的な重要性を持つのみであるとは見なされない。また、これらは堕落に巻き込まれず、したがって神の国の調和の回復を必要としないものであるとも見なされない。ルター派は、原理の上ではこれらの観念を共有しているが、実際には「現実世界」の領域を御言葉の作用が及ばないものとして放棄する傾向を持った。その分離主義は、既存の社会生活から撤退しようとした。しかし、カルヴァン主義は、ヘブライの預言者たちがしたように、神はすべての被造物を支配する王であると徹底して主張したのである。

ジュネーブ型の形成的プロテスタンティズムは、その抑制の原理によって、ジュネーブ型がかつて抗議した姿勢や制度を再び建てることになったという理由で、すぐに消え去ると考えられてきた。それは、教会の律法主義を聖書の律法主義に置き換え、聖職者による人間の抑圧を説教者による抑圧に置き換え、教皇の教会が絶対であるとする主張を聖書に基づく制度が絶対であるとする主張に置き換えたのだと、われわれは教えられてきた。この方向には明らかにいくつかの傾向がある。たとえば、ルター派の立場が自由の行き過ぎを招くとするならば、カルヴァン派の原理は行き過ぎた抑圧をもたらしたといえる。しかし、カルヴァン派は絶対主義であるという非難が妥当であり得るのは、カルヴァン派の指導者が自分自身の主張は限定的なものであるということに注意を怠ったり、プロテスタント原理が必要とする弁証法的過程がおろそかにされたりするときである。カルヴァン派は、ルター派と同じように、社会の組織と教会のための合理的で完全に発展したプログラムを示すことができなかった。プロテスタント運動のある一つの側面を全体の代表とすることや、一つの例としてのジュネーブの神政政治に運動の真髄が見られると述べることは、プロテスタントの神の国原理を重視しないことに等しい。［ジョン・］ウェスレーと［ジョナサン・］エドワーズもまた、ジャン・カルヴァンとジョン・ノックスとドルトレヒトの聖徒たち[＊4]と同等のものとして、カルヴァン主義の歴史の中に位置づけられるのである。

　プロテスタントのディレンマという基礎の上に立つ形成の第三の試みは、あらゆる種類の分離主義の試みである。分離主義もまた、神のみが絶対的主権を主張する権利を持ち、人は神に対してのみ究極的な責任を負うと信じていた。しかし、分離主義は、人間が神に頑強に反抗することと人間が絶対的権威を主張する思い上がりに注目して、神は教会と国家を放棄し、それらを破壊されるままにしたと信じる傾向がある。同時に、分離主義は、来るべき神の国という観念に、ルター派とカルヴァン派よりもさらに強い影響を受け、キリストの再臨を文字どおりに解釈したり、神秘主義的に解釈したりする傾向がある。それは、世界の絶望的な堕落から離れて、キリストの勧告に謙虚に従う道を選んだ。それゆえ、どのような仕方にせよ人間が打ち立てた王国に関わることによって神の国への忠誠心を妥協させることを、多かれ少なかれ一貫して拒否した。それは、世俗政府の必要性は認めるが、それに参加することを拒否した。このような姿勢を考慮するならば、分離主義がその時々に暴力的な変革の必要を訴える預言者——無抵抗の法に忠実であることよりこの世の堕落に憤激した者——を生み出したことは、奇妙なことではない。他方、この世から離れて神との直接的な合一に信仰の旅路の目的を見いだした極端な神秘主義者を生んだこともまた、不思議なことではない。しかし、革命家も神秘主義者も、分離主義を代表する者ではなかった。全体的に見れば、分離主義は、ゴルディオスの結び目[＊5]を切ることによって、神の国のディレンマを解決しようとする努力であるにとどまった。神の国は、この世の王国から分けられた。神の国は、キリストの法に支配された者から成り、この世の王国は、破滅する運命にある。分離主義の主たる関心は、信仰厚い純粋な者の共同体を保ち、その中で法的規制を最小限に抑えて愛による調和を実現し、非キリスト教的世界の政治的、経済的生に依存せずに自給自足することであった。

　最初のイギリス人定住者が北アメリカに到着したとき、これら多様な形成的プロテスタンティズムは、すべて比較的新しいものであった。さらに、それらはすべて、抗争の渦中にあった。ドイツのルター派は、苦境にあった。十七世紀前半には、それは存続のために戦っており、それ以降も長期にわたって、その闘いから受けた傷のために苦しんでいた。分離主義は、定住する場がなく追いたてられるという巡礼者の生活であった。四方八方から攻撃を受け、誤解された。カルヴァン派は、ジュネーブで防備を固めてそこに国家を築いた。それでジュネーブは多くの過激なキリスト者の誇りとなり、聖地巡礼に出向くメッカとなった。ジュネーブは、当時、現在のモスクワのようなものであり、何者もジュネーブを忠実に真似ることはできなかったが、それが提示した行動様式は、神の国に忠誠を誓い、王であるキリストの支配に世界が従うときを待ち望んでいる者に霊感を与え続けるものだったのである。イングランドは、宗教改革が二回起こったところであるが、そのため一世紀にわたって不安定な時代が続いた。何ひとつ定まらず、生の古い秩序は、明らかに、新しい秩序に抵抗する構えであった。おそらくジュネーブの憩いの場《オアシス》を除くヨーロッパの至るところで、新しい原理は古い原理と戦っており、その将来は暗かったのである。新しい原理が勝利を収めたときでさえ、古い秩序に妥協しなければならず、古い秩序は明らかな敗北にもかかわらず、社会の慣習や構造の中に引き続き現れたのである。

　この状況において、アメリカは機会の大地であった。ここでは、プロテスタンティズムは、抗議と抗争から逃れて形成へ向かうことができた。そうすることが可能だっただけではなく、必要でもあった。というのは、しばらくの間、そこには異議を申し立てるべき王族もローマ・カトリック教会も存在せず、そもそも教会というもの自体も存在しなかったからである。神の主権とその法への忠誠を妨げるスチュアート王朝が遥か彼方に存在した以外は、そこにはどんな種類の政府も存在しなかった。そこには、宗教的、政治的、経済的な権力者の特権を守る機関が確立されていたわけではなかった。同じように、人が人と関わるときに秩序だった手続きを提供するどのような種類の社会組織も、存在しなかったのである。

当時のアメリカが他のどのようなものになっていたとしても、それもまた、形成的なプロテスタンティズムの実験の一例となったであろう。フラーンシス・ヒギンスンのしばしば引用される叙述は、ピューリタンがこの事実をどれほどはっきりと意識していたかを示している。「われわれは、その堕落から分離せざるを得なかったとはいえ、イギリス国教会からの分離主義者としてニュー・イングランドに来たわけではない。しかし、われわれは、教会改革の肯定的な側面を実践し、アメリカに福音を普及させようとしているのである」[15]。ピューリタンが強く意識して行ったことを、他のプロテスタントはそれほど意識せずに行ったようである。というのは、そうした状況のもとでは、彼らすべてが教会改革の肯定的な側面に注目し、可能な限り神の国のディレンマを解決しなければならなかったからである。しかし、彼らは、教会改革の肯定的な側面は構造ではなく生命、運動であることを予見できなかった。彼らはそれが、安住の地で決して再び休息しようとはせず、いつか訪れる神の国に出会うまで、ひとつの野営地から次の野営地へと進み続けなければならない運動であるということを予見できなかったのである。

［注］

（1）アメリカの生に対するローマ・カトリック教会の寄与については、J.D.G. Shea, *A History of the Catholic Church Within the Limits of the United States* (New York, 1880-92), Thomas O'Gorman, *A History of the Roman Catholic Church in the United States* (New York, 1895)、およびアメリカ・カトリック大学によって刊行された多くの優れた研究を参照のこと。*The Religious Background of American Culture* (Boston, 1930) で、T・C・ホールは、大陸の宗教改革の思想を表しているピューリタニズムよりも、むしろ「古く、過激で大胆なイギリス・プロテスタンティズム」が、アメリカの宗教の主たる源泉であると論じている。証拠となる文書は手に入らないため、この議論は多くの仮説による論証が必要である。その上、キリスト教史において、類似の社会的状況と人間の体験の中から繰り返し生じる傾向と思想の歴史的源泉を探し求めることは、不要であるように思われる。ホールがアメリカのキリスト教の発展におけるセクト的な流れの重要性を主張する限りでは、本稿は彼の主張にほぼ賛同するが、それ［アメリカのキリスト教］は、この流れを十六、十七世紀のプロテスタンティズムの正当な表現であると考えている。ウィクリフの古い過激なプロテスタンティズムが存続してアメリカに渡って来ていたら、ピューリタニズムに深く影響されたであろう。クエーカーでさえ、ピューリタニズムの弟子として以外は理解できないのである。

（2）André Siegfried, *America Comes of Age* (New York, 1927), p.33.

（3）*Contra Gentiles*, III, 37；*Compendium Theologiae*, chap. 4. *Summa Theologica*, Part II, QQ. I-V［トマス・アクィナス『神学大全』第9巻、高田三郎・村上武子訳、創文社、四―一三頁、一九九六年］参照。

（4）K.E. Kirk, *The Vision of God. The Christian Doctrine of the Summum Bonum* (London, 1931).

（5）Étienne Gilson, *Moral Values and the Moral Life. The System of Thomas Aquinas*, translated by Leo R. Ward (St. Louis, 1931), pp.6, 9. Kirk, *op. cit.*, p.379より Henri Brémond, *A Literary History of Religious Thought in France* (New York, 1928-) I, 10 f. を参照のこと。

（6）*Summa Theologica*, Part I, Q. CIII, art.6.［トマス・アクィナス『神学大全』第8巻、横山哲夫訳、創文社、二〇―二一頁、一九六二年］。Q. CIV, art.2［同三七―三八頁］も参照。そこで聖トマスは、「事物は、それによって存在を有するその同じものによって保たれる。然るに、神は諸々の中間因を介して諸々の事物に存在を与える。したがって、神がこれらの事物を存在のうちに保つのもやはり諸々の因を介してである。……神は、万物を無媒介的に創造したのであるが、然し諸事物の創造それ自身に際して、神は諸事物の間にこうした秩序、すなわちあるものは他の種々のものに依存し、これらのものによって第二次的な仕方で存在のうちに保たれる——もとより然しそこには神に由来する根源的な保存ということが前提されている——という秩序を設定したのである」と書いている。

（7）Calvin, *Institutes of the Christian Religion*, Book I, chap.5, paragraph v.［カルヴァン『キリスト教綱要』Ⅰ、渡辺信夫訳、新教出版社、六九頁、一九六二年］。Walther von Loewenich, *Luthers Theologia Crucis* (München, 1929), pp.88 ff. 参照。［ヴァルテル・フォン・レーヴェニヒ『ルターの十字架の神学』岸千年訳、グロリヤ出版、一九七九年］

（8）*Institutes*, Book III, chap.7, paragraph i.［カルヴァン『キリスト教綱要』Ⅲ／1、渡辺信夫訳、新教出版社、一九四一一九五頁、一九六二年］

（9）Ernst Benz, *Ecclesia Spiritualis. Kirchenidee und Geschichtstheologie der Franziskanischen Reformation* (Stuttgart, 1934), p.164.

（10）Adolph Harnack, *History of Dogma* (London, 1894-99), I, 162 ff. 特に、n. 1, pp.167 ff. そして、*Monasticism: Its Ideals and History* (London, 1901).

（＊）私は、プロテスタンティズムに関するこの数章を通して、それを反カトリック運動としてよりも、むしろキリスト教の福音を積極的に肯定するものとして論じようとしている。プロテスタンティズムは、キリスト教信仰を動的に表現するものである限り、教会において信仰が呈した静的な形式に反対するものである。また、静的なものになったときには、それは、カトリックの復興に対してほとんど優位には立つことはなかった。プロテスタントの教会組織にプロテスタント運動の特徴を見いだそうとしても、無駄である。もし、それらがそこにあるとしたら、それらは、当初の意図を表すと同時に否定する形の中に現れるのである。

（11）アウグスブルク信仰告白は、キリスト教的完全を次のように規定した。「キリスト教的完全とは、次のようなことである。すなわち、神を心から畏れ、同時に偉大な信仰を持ち、神は、キリストのためにわれわれに平安を回復すると確信を持って信じることである。すべての事柄において、召しにおいて神の助けを求め、確かに探求すること。そして、外面的には、勤勉に善行をなし、われわれの天職に専心することである。これらのことにこそ、真の完全性と神の真の崇拝は存在するのである。それは、生の単純さ、貧窮、不道徳な服装には存在しない」(Part I, art. 6)。[Martin Luther,] *Von weltlicher Obrigkeit* [*wie weit man ihr Gehorsam schuldig sei*, 1523] [ルター「現世の主権について――我々は之に対して何処まで服従の義務を負うか」吉村善夫訳、『現世の主権について』岩波書店、二八頁、一九五九年] で、ルターは、「完全とか不完全とかは行為の中に存するものではないし、またキリスト者の間の特殊な外面的階級を作るものでもない。むしろそれは心の中、信仰の中、愛の中に存する。従って、より深く信じ且つ愛する者が、完全なのである」と書いている。リッチュルは、完全性の問題を、ルター派によって規定されるものとして、彼の *Geschichte des Pietismus*, I, 39 ff. で扱っている。さらに、R. Newton Flew, *The Idea of Perfection in Christian Theology* (London, 1934), chap. 13を参照。

(12) Luther, *Von weltlicher Obrigkeit.* [ルター、前掲訳書、三四頁以下参照]

(13) Ernst Troeltsch, *The Social Teachings of the Christian Churches*, translated by Olive Wyon (New York, 1931), II, 528 ff.を参照。ルターとメランヒトンの政治思想についての慎重な説明は、Werner Elert, *Morphologie des Luthertums* (München, 1931-32), II, 291-395. に見られる。

(14) Luther, *op. cit.* [ルター、前掲訳書、五九頁]

(15) Cotton Mather, *Magnalia Christi Americana*, Book III, Part II, chap. 1, paragraph 12に引用されている。Perry Miller, *Orthodoxy in Massachusetts, 1630-1650* (Cambridge, 1933) は、さまざまな箇所で、批判から形成へと転換することの重要性に注意を喚起している。Pp.146 f., 176 f. を参照。

[訳注]

＊1 ダニエルが予言した五大王国の最終の国。ダニエル書二・四四。

＊2 中世ローマ・カトリック教会のこと。

＊3 賛美歌二六七番「神はわがやぐら」第四節。

＊4 一六一八-九年のドルトレヒト宗教会議において、アルミニウス主義を退けてカルヴァン主義の信仰基準(ドルト信

仰基準）を確定した者たち。

＊5　フリギア王ゴルディオスが戦車のながえをくびきに結びつけた結び目。アレクサンドロス大王は結び目を解く代わりに剣で切ったとされることから、非常手段に訴えることを意味する。

第二章　神の絶対主権

Ⅰ 「御国は汝のものなり」

アメリカにやってきたピューリタンたちの希望は神政政治をうち立てることであったと述べるのは、月並みである。「神政政治」が文字どおりの意味で理解されるならば、この表現はまさに真実であり、神政政治は恐れと困惑、実験と失敗と同じように、ニュー・イングランドのプロテスタンティズムの歴史を特徴づけている信仰と確信のすべてを要約するものである。しかし、文字どおりに理解するならば、神政政治の樹立は、ピューリタンだけの希望だったわけではない。それは、プリマスのピルグリム・ファーザーズの望みでもあり、ロジャー・ウィリアムズと彼に従ってロード・アイランドへ行ったさまざまな者たちの望みでもあった。また中部植民地のクエーカーや、ニュー・ヨークのオランダ改革派の望みであり、後に移民してくるスコットランド系アイルランド人の長老派や、アメリカ生まれの運動を担った多くの人々が望んだことでもあった。彼らは皆、直接鼓舞されたわけではないまでも、プロテスタント的刷新という信仰によって深く影響され、神が主権を持ち、神が主導権を持っていることを生き生きと主張したのである。そして、彼らは皆、プロテスタンティズムのディレンマに直面したのである。

神の国の思想は、今日のアメリカを先導する思想となっているが、アメリカの発展の初期にも支配的な思想であった。当時も今日と同じように、それは一つの集団の特性だっただけでなく、同じような過去を持ち、同じ問題に直面していたすべての集団の特性であった。しかし、プロテスタントは、初期には、後世のように神の国を理想主義的、ユートピア的な意味でとらえていたわけではない。今日、神の国は、未来の人間社会の理想を意味するものとして語られる。そのような神の国は、望みであり、計画、夢、理想、目標である。それは、「ある」ものとは対照的な「あるべきもの」である。それは、まだ存在していない生の秩序の青写真である。現代の神の国思想を初期のアメリカの信仰にまでさかのぼって読み取ろうとするような水準の低い解釈者はいない。パリントンは、「この世に神の国を建てるためにこそ、ピューリタンの指導者たちはアメリカにやって来た。そして、その表現は、彼らのより深い目的についてわれわれを啓蒙するはずであった」と書いている。彼は、同じ論文の中で、それがわれわれをどのように啓蒙したかを示唆して、「ニュー・イングランドの初期の文書を読めば読むほど、人は自分が、ヴィジョンに導かれ、ユートピア的な夢を与えられた人々と共にいると感じる。それは、理想主義者の時代であり世界だったのである」[1]と書いている。それは、ピューリタンを気難しい律法主義者として描く通例の肖像画に比べれば明瞭な絵画であるが、それでもそれは忠実な表現には程遠いように思われる。ユートピア的理想主義は、ピューリタン以外の植民者の特性でもあった。［このことは］ウィリアム・ペンの「聖なる実験」がどれほど頻繁に、よりロマン主義的な後の時代のニュー・ハーモニー、オネイダ共同体［＊1］、ブルック・ファームズ［＊2］、アマナ共同体［＊3］に類似した冒険的試みとして描かれたかということからも明らかである。

　確かに、アメリカ初期の神の国をこのように理想主義的に解釈することには、一定の価値がある。十七世紀のプロテスタントは、二つの革命の間の時代を生きていた。彼らは、キリストという革命的な神の啓示を振り返りつつ、彼の完全な開示、すなわち信仰が彼らに約束している究極的な救済、を待ち望んでいたのである。しかし、パリントンの助言に従って、ブラッドフォード、ロビンソン、ジョン・コットン、フッカー、ウィンスロップ、ウィリアム・ペンや、彼らの師や先人たちであるカルヴァン、エイムズ、ウォレビウス、フォックス、バークリー、ペニントンが書いたものを読んで、そこに十九世紀のロマン主義や二十世紀の理想主義のユートピアの音符を見いだそうとする者は、おそらく失望するであろう。理想主義的な音符が表れるときには、それは恩寵の音符であるか、オーケストラで主旋律ではない部分を演奏するものが奏でる音として響く。それは、ちょうど『ニュー・イングランドにおけるシオンの救い主の驚くべき摂理の御業』の著者［エドワーズ］のようなものである。

第一バイオリンが奏でる旋律は、理想主義的であるというより現実主義的である。指導者は、空想的な計画のことを厳然たる必要性ほどには語らないのである。彼らがアメリカへの移住に与えた理由に注目することは、有益である。ブラッドフォードによれば、ピルグリム・ファーザーズは「新奇なものを好む思いや浮ついた気持ちからよその土地への出発を決めたのではない。それは、しばしば痛みと危険をもたらすからである。彼らは、説得力を持つさまざまな強力な理由によって移住するという結論へ傾き」始めたのである。彼が挙げた理由の第一は、「その地、その国での困難」、すなわちオランダでの困難である。第二は、老いが運命を耐え難いものにし、信徒の集まりを四散させて壊すのではないかという脅威である。第三は、子どもたちが従事した過酷な労働と、彼らがさらされていた誘惑である。そして「最後（ではあるが些細なものではない）の理由は、遠い世界にキリストの王国の福音を広め促進するために、十分な基礎を築いたり、せめてそれに向かう道を開きたいという偉大な希望と内面的熱情である。そして、確かに彼らは、他の者がこのあまりに偉大な業を行うときの踏み石となったにすぎないのである」[2]。ジョン・ウィンスロップの『ニュー・イングランド・プランテーションについての結論』は穏健な思慮深さという同じ旋律を奏でている。それがユートピア思想へ向かうものでないことは、インディアン[*4]の回心が「キリスト教徒が満ちるのを助けるであろう」という希望や、主が「われわれの中にいる預言者に示した偉大な業に着手した」というさらなる可能性によって示唆されたものがユートピア思想とは異なるのと同様である(3)。それほど熱心な仕方でさえないが、ジョン・コットンが、『神のプランテーションに対する神の約束』を見いだしたのは、彼らに与えられたヴィジョンや「アメリカの夢」の成就の中ではなく、「彼の民のために用意された場の設計」の中である。彼は土地を「見つけ出し」たり発見したりし、民をそこへ誘って、彼らに神の摂理をはっきりと理解させようとし、彼らのために住まうべき場を用意しようとすることによって、神の計画を見いだしたのである。そのような場所への移住を正当化する理由の中に、「知の獲得」、「商取引と利潤追求」、「植民地建設」、苦難と困窮からの逃避のような「強固で説得力のある」配慮が、「神の定めである自由」や堕落と迫害からの脱出と同じように再び現れる。確かに、コットンは、ブラッドフォードと同じように、キリストに根差している民が正義の実を結ぶであろうという希望を持っていたが、この希望は、現代の神の国が持つ理想主義的ユートピアとはかけ離れたものである(4)。ウィリアム・ペンがもし未来を予知していたならば、彼は自分のペンから「聖なる実験」という表現が滑り落ちることを許していただろうか。それは、ブラッドフォードやコットンの考察と同じくらい穏健かつ実際的であり、時代に共通するものであるので、その当時の考察の中に埋もれている。これらの者たちが堅実な市民ではなく、財産を守るために世界を安全なものにしたいと考えるという意味での資本主義者でもなかったとしても、彼らは、蜜を食べ、天国の乳を飲んで生きる夢想家でもなかったのである。

　十七世紀のプロテスタントは、一般にいわれる意味での夢想家や理想主義者であり得なかった。なぜならば、彼らは、ユートピア的理想主義の根本的前提を共有していないからである。ユートピア的理想主義は人間の悪は悪い制度に起因するという信念、良い制度のもとでやり直すことによって完全な社会を築くことが可能であるという信念、人間の理性は賢く、人間の意志は利他的であるため完全な社会を建設することができるという信念を前提としているが、彼らはそれを共有していないのである。彼らは、人間はどういうわけか堕落してしまったと、強く確信している。彼らは、栄光の秩序はまだ建てられていないと知っていた。彼らは巡礼者であり、巡礼の旅の間は満たされることはないと考えていた。

多くの著作者は、このことがピルグリム・ファーザーズとピューリタンに当てはまるとしぶしぶ認めつつ、ロジャー・ウィリアムズとクエーカーにはさらにより世俗的な性質があると考えたがった。しかし、ウィリアムズの信仰黙想と書簡には、現世を超えた祝福への憧れが表されている。またそれらには、彼が、自分自身を含む人間が計画したことが生み出した業を寛大ではあるが皮肉な見方で観察していたことが示されているのである。彼は、次のように書いている。

> 神の子たちは、約束の地の旅人であり、船の乗客である。彼らは［地上では］生命のない、引き離された、屈辱を感じるような思いの中で、この世とそのすべての慰めを、まるで利用しなかったかのように利用しなければならない。……おお、神の恵みを願おうではないか。われわれがこの世の慰めを天の慰めと利益と喜びに到達するための踏み台、はしごとして使えるように。天の慰めと利益と喜びだけが真実で、衰えないものであり、これらの天と地が去るときにも神自身において永遠でさえあるものだからである。

来るべき神の国は［ウィリアムズにとっては］光というより闇であった。なぜならば、「これらの天と地は、恐れと恐怖とともに過ぎ去るものだ」[5]からである。「この世界の海においてもそうに違いない」と、彼はウィンスロップに書き送っている。「流れが流れるごとく、悲しみは悲しみに帰結する。そして、日々、最初の罪深き者［アダム］のすべての子らに悪が満ちるのである」[6]。このような表現が、彼の書簡には数多く見られるのである。

ウィリアム・ペンのペンシルベニアへの期待は高く、彼の落胆は深かった。しかし、もし、彼が、バークリーと同じように「アダムのすべての子孫、または人類は……堕落し、退化し、死んだ。彼らは、神の内なる証しや種子に気づいたり、それらを感じたりすることができずに、権力と自然と悪魔（蛇、誘惑者）の種子に屈する」[7]ことを知り――または、ペニントンと同じように「人は囚われ人で、彼の理解はとらわれ、彼の意志は閉じ込められ、彼の気質と性質は束縛されている」[8]と知っていたならば、彼の失望はそれほど大きくなかったであろう。人間の堕落についての神学的定義をめぐる論議がどのようなものであろうとも、その現実性に対する確信は共通のものである。

初期のアメリカのプロテスタントたちは、神の国が存在することを信じていたが、神の国は、善意の人々によって建てられた平和で調和のとれた社会だったわけではない。それはむしろ、神が今この場で、人間の精神だけでなく自然界と人間の歴史世界を支配しているという生きた現実なのである。神の国は、人間の努力によって実現される理想なのではない。むしろ、人と人の努力がそれによって可能となるのである。その神の国への忠誠とその法への服従は、彼らがこの世での幸福と永遠の幸福を得るための条件である。ピーター・ベインは、「もし、ピューリタンがどのように感じたかをわれわれが知ることがあるとしたら」と綴っているが――彼はおそらく、分離主義者とクエーカーがどのように感じたかを知ることがあるとしたらと付け加えたであろう――「われわれは神の存在についてのすべての観念を断固として方向転換しなければならない。すなわち、われわれは神の性質を批判し、聖書の倫理の質を議論するという、人が近年獲得した習慣に由来する観念を、決然として、われわれの心から剥ぎ取らなければならない。ピューリタンは、『善き神（le bon Dieu）』としての全能なる神というあの穏やかなフランス的観念に昇ることも沈むこともなかったのである」[9]。また、彼らは、［神は］親切な天の父であるという、精神主義的然的にもたらすものとしてしばしば賛美されたのであるが、彼らはそのような観念を持たなかったのである。彼らは、人間の最も好ましい特徴から作られた神観念から始めて、その後それと一致するものが存在するかどうかを探求したわけではなかった。むしろ彼らは、生に対して破壊で報いるような最終的な存在から出発したのである。生はその破壊から生じるのである。彼らは、イエス・キリストに自己を啓示したこの存在を信じ、賛美するようになったのである。

サヴォイ宣言[＊5]は、ウェストミンスター信仰告白のほとんどを反復しているのであるが、ウェストミンスター信仰告白と同様に神学的定義の要約であるよりも、確信を力強く主張したものである。その神の絶対主権の主張は、大いなる賛美の歌《テ・デウム》のように響く。

唯一の生けるまことの神のみが存在しておられる。神は存在と完全さにおいて無限であり、最も純粋な霊であり、見ることができず、肉体や肢体や欲情を持たず、不変、偏在、永遠、不可知、全能、全智、至聖、最大の自由、絶対であり、不変的で最も正しい御旨の計画に従い、ご自身の栄光のために、すべての物事を従わせ、無限の愛と恵みと憐れみに富み、忍耐強く、善と真実にあふれ、不正・違反・罪を赦し、熱心に神を求める者たちを報い、裁きにおいては極めて公正にして、厳格であり、すべての罪を憎み、罪ある者を決して見過ごしにされることがない。……神はあらゆる存在の唯一の源泉[10]である。神から、神によって、神のためにすべてのものは存在している。神はよしとされることを、すべてのものによって、すべてのもののために、すべてのものの上に行なうために、すべてのものに対して最高の統治権を持っておられる。……神に対して、御使い、人間、その他あらゆる被造物はいかなる礼拝、奉仕、服従をも捧げなければならない。被造物として、彼らは創造者に対してそうする義務を持ち、さらに創造者が被造物から求めることをよしとするいかなるものをも捧げなければならない。

ピューリタンが神の国によって意味したことを知ろうとするならば、われわれは、ピューリタンの信仰を表す熟考された声明を研究したり、イギリスにいる同胞に注目する必要がある。そこでバクスターに語らせよう。「この世は、天地創造をなした神を王と仰ぐ王国……絶対君主国……である。……神は、この世の神聖な君主制のはじめであると同時に終わりである」。また「すべての人間は神の国の臣民である。すなわち神から負わされた義務と職分に従うべきものであり、神は義務を負わせることについて、どんな人間の同意も求めない[11]」。その信仰は、フッカーの『教会規律大全研究』とコットンの『ニュー・イングランド法概要』に繰り返される「主はわれらの王である。主はわれらに法を与えたものである。彼はわれらを救い給う」という言葉に要約される。

クエーカーと分離派は、神の支配を認めるという点ではイギリスの他のプロテスタントと異ならない。彼らは、より神秘的なアプローチをとったために、神が第一に良心と内面的生の主であると考えるようになるが、それでも、彼らは、すべてのものに対する神の支配権を前提としていた。ホウギルが書いたところでは、「あなたが、時のなかに存在したりこちら側にあるものを信じるならば、永遠と存在の中の存在者、すなわちあなたの基盤は一掃され、闇があなたを襲い、あなたが集め、身につけ、模倣したものはすべてあなたを失望させるだろう[12]」。ジョージ・フォックスの『日記』は、アウグスティヌスの『告白』と同じように、神の国への信仰に対する大いなる肯定である。「主の名が永遠に祝福されますように。そして、いつまでもあがめられますように。高められ強められたすべてのものが、神の栄光ある力の武器となり、それをもって神が輝かしい働きをされますように。神のすべての働きの栄光と讃美が、神のみのものとされますように[13]」。

正統的な信徒の中で、アイザック・ペニントンほど神の生きた絶対的主権の力を告白した者はない。

天と地の主なる神、栄光と主権と永久不変の力の神、すべてのものに勝利しそれらを支配する神、天と地を創造し、そこですべてのものを指揮する神。彼は、自らの望むところに従って国家と政府とこの世の権力を廃する。彼に向かって、汝の為したことは何かと問うものがあるであろうか。彼が豊かな国を貧しくし、強い国を弱め、国の中での身分が高く権力を持つ、強く勇敢な、尊敬すべき高貴な者を貶め、貧しい者、卑しい者、迫害された者を引き上げたという理由で、誰が神を非難するだろうか？　そして、彼が再び労をとって、彼が引き上げた者たちを倒したとしても、誰が彼に反抗することができ、彼に反駁することができるだろうか？……主なる神は、好んで国々を転覆したり、その権力を粉砕するわけではないが、それらが決して耳を傾けず、頑なになって、神の命令と意図を妨害するならば、彼は容赦できない。……したがって、彼に戦いを挑まず、彼の前では頭を垂れなさい。汝ら地の大いなる者たちよ[14]。

このような神の国の概念がクエーカー信仰の中にどれほど同時発生的に存在することか、また、議会とオリバー・クロムウェルとさまざまな統治者に対する神の勧告が、どれほど適切に政治との関わりを示していることか。

ロジャー・ウィリアムズは、神の動的な性質という観念にはそれほど深く影響されず、神聖な美の幻《ヴィジョン》により引きつけられている。しかし、彼がマサチューセッツ・ベイのピューリタンの妥協に対して抵抗した背後には、神は絶対主権を持ち、神の支配を避けることはできないとする断固とした確信があることは明らかである。迫害は神の支配に相反するものであり、破壊をもたらすものである。「おお。嫉妬深いエホバの熱烈な火が、より大きな殺戮の中で、現在の聖なる証人達の殺戮を終わらせることであろう！(15)」。明らかに、これらの者は皆、「み国を来らせたまえ。みこころの天になるごとく地にもなさせたまえ」と祈るが、さらなる熱意を持って彼らは、「国とちからと栄えとは限りなく汝のものなればなり」と告白したのである。

神の国がユートピアでないとしても、それは、『驚くべき摂理の御業』や『アメリカにおけるキリストの偉大なみわざ』の著者たちが特に喜びとしたような特別の奇跡による政治でもない。プロテスタント信仰の神は、後の理神論の第一原因でも、十八世紀の超自然主義の干渉する神でもない。自然に対する彼の関わりは、親密で近い。近年書かれているように、自然は神が手にはめている手袋のようなものである。彼と関わりのないこと、したがって悔悛や賛美にふさわしくない出来事は、何ひとつ起こらなかった。しかし、彼は特別な出来事の中ではなく日常の中に顕れた。神の支配は、イエスの場合にもそうであったように、正しいものにも正しくないものにも降りかかる雨の中に、悪しきものも良きものも照らす太陽の光の中に、海の嵐と地上の日照りの中に顕れるのである。迷信で混ぜ物をされた一人よがりの信心は、奇跡を神の国と好んで関連づけ粉飾しようとしたのであるが、神の支配はそのような奇跡の出来事の中よりむしろ日常の中に顕れるのである。プロテスタントは、神の法を変わらない仕方で、実在の現実的な型の中に見いだした。その型は、啓示によって鍵を与えられ、啓示に続いて与えられた理性によって認識された。神の意志は、肉に敵対する霊によって頑固で御しがたい自然に外部から押しつけられたものであるという意味で、不自然なものであるというわけではない。それは、超自然的と称するほうがよいかもしれない。超自然ということばが、自然界の出来事の中にも、またその背後やそれを超越したところにも、力と目的が存在しているということを意味するからである。少なくとも絶対主権に関する初期のプロテスタントの観念は、奇跡にとらわれた超自然主義者の自然観にも、アイザック・ニュートンの自然観にも類似している。しかし、後の機械論的思考の時代に、それから派生したどちらか一方の考え方からのみそれを解釈しようとするならば、それはまったく誤った理解となる。

　ここでいう神の国は、建設されたり設立されたりするようなものではなく、また外部からこの世にやって来るようなものでもない。それはむしろ、支配なのである。それは永遠に存在するものとして確立され、この世にはびこる反乱をものともせずに、服従することを人に求めるのである。この支配は、至るところに存在した世俗《カエサル》の支配者の支配になぞらえることができる。［カサエルに対しても］無知な諸部族は、彼の力は遠く、彼らに敵対的であると思い違いをして、無益な反乱を起こしたからである。ピューリタン、ピルグリム・ファーザーズ、クエーカーは、彼らの同胞と共に、何よりもまず忠臣であった。チェスタートンの言い回しでは、彼らは「この世の旗」に対して忠実である。この旗は慈愛だけでなく力と法を表すもので、彼らが自分自身の善意も教会指導者や政治的君主の善意も信じられなくなったときにも信じることができると確信していた。彼らのことを元来の抵抗者、反抗者であると考えることは、彼ら自身のものとは相容れない視点から彼らを見ることである。彼らの心に最初にあったことは、肯定であった。彼らが、非国教徒《ノンコンフォーミスツ》、国教反対者《ディセンターズ》、抗議者《プロテスターズ》、独立派《インディペンデンツ》であったのは、ただ彼らが神の統治に忠実でありたいと願ったからであった。そして、後の党派的論争によって一致がどれほど覆い隠されようとも、彼らはこの積極的な献身において一致していたのである。

したがってわれわれは、イギリスまたはアメリカにいる彼らを見るとき、カーライルの次のような警告を十分に心に留めなければならない。

これら十七世紀のピューリタンたちについて一般に流布している報告はまったく信用できない。彼らの大多数が迷信深く、無分別な者たちで、熱情に身をまかせており……その他の者は、他人の言葉づかいを借りる方法を知り、それによって彼らを巧みにだます「マキャベリ」と言えるほどに狡猾であるというのである。……これは、広く伝えられている報告であるが、真実ではない。……彼は、賢くも、これらのピューリタンたちは語ったままのことを意味したと考え、それが何であるかを妨げられることなく理解しようとするだろう。彼が驚きに目を瞠る中で、次第に、途方もない現象、神への信仰に基づく現実世界が出現するだろう。(16)

神への信仰に基づく現実世界は、初期アメリカのプロテスタント的形成の努力に見られた混乱に注目するとき、むしろ非現実的であるように思われる。ニュー・イングランドの建設とクエーカーの植民地の建設をめぐる派閥間の争い、分裂、迫害は、イギリスおよびヨーロッパ大陸のプロテスタントの形成的努力に見られた抗争に匹敵するものであった。〔当時の〕アメリカでは、国家組織についても、教会の構造についても、教会と国家の関係がどのようなものになるかについても不確定であった。そして神の国への忠誠心と一時的で移ろいゆく秩序に対する関心がどの程度両立できるかについても不確かであった。新しい社会生活を神中心に設計しようとする者たちは、十八世紀の人文主義の形成的な業を導いたような単純な原理には従おうとしなかった。彼らの言動を理解しようとするならば、われわれは、私的な体験や、個人の偏見と利害に言及し、また、行為の矛盾を正当化するために難解な理由づけを考え出すという人間の傾向に言及しなければならないように思われる。形成的プロテスタンティズムにとっての神の絶対主権の意味は、論理的にではなく、心理的、社会学的にのみ、説明できるのである。

しかし、表面的には混乱と抗争が非常にはっきりと見られたが、それらは根元的な統一に関係づけられていた。その上、それらは、人文主義による形成の時代の外見的にはよく似ている抗争ほど実際には明白だったわけではない。神の主権を第一原理とする論理的な秩序は繰り返し無秩序に陥った。抗争は、少なくとも理性の問題であるのと同じ程度には、情緒と利害の問題なのである。利害が必然的な役割を演じるということを、プロテスタントの批判者は力説する傾向があるが、プロテスタントにはそれを認めたがらない傾向がある。というのは、彼らは人間の心が曇らされることになることを知っていたからである。彼らは、すべての人間が嘘つきであるとする普遍的法則から自分たちを除外することをしなかった。[17] 彼らの唇は「割礼を受けていない」のだと、彼らは告白した。それにもかかわらず、彼らの理性は陥穽、誘惑のただ中で道を求めなければならず、完全に迷ってしまわないように、神の絶対主権という第一原理を再び求めたのである。神の絶対主権についての根本的な確信から、それは、さらに三つの、すべての教派が異なったやり方とさまざまな説得力をもって弁護する命題へと移行した。これら三つの命題はキリスト教的法治主義、教会の独立、人間主権の限界ないし相対化と表現することができるであろう。これら三つの観念はすべて、アメリカにおける生にその刻印を残している。とはいうものの、その意義の社会的成果は、神のためにアメリカが作られたという見方ではなく、神はアメリカのために作られたとする見方だけであった。

Ⅱ　御国とその根本法

キリスト教的法治主義の原理は、神の絶対主権の原理が直接的にもたらした帰結である。神はすべての力と価値の源であるため、人間の行為すべてにおいて、人間の性質や人間の欲望、理想以上に、神の性質と意志が顧慮されるべきである。さらに、神が真に始めであるならば、神の特性と意図は、彼自身から学ばれるべきであり、人間の性質から引き出した神の意志についての観念を通して規定されるべきではない。したがって、神自身による神の啓示が、彼の支配のもとで生を組織するための唯一の基盤である。神の国で生きるとは、啓示のもとで生きることなのである。

この啓示が何らかの形で聖書に表されたということには、すべてのプロテスタントが同意していた。教理が明確に叙述されていない場合や、書かれた言葉よりも聖霊の証言が好まれている場合でさえ、常に聖書が引き合いに出されることから、聖書の権威がどれほど絶対的であるかがうかがわれる。クエーカーが論じるように、「聖霊の内面的証は、神についての真の知がこれまで顕され、現在顕されており、顕されることになるただ一つのものである」とされたり、聖書は「二次的な規則」であるとされるとしても、この教理は「聖書による」ものであるという主張は依然として重要であると考えられた[18]。チリングワースのように理性に訴えるとしても、聖書はその訴えを正当化する根拠となった。なぜならば聖書は、「プロテスタントの唯一の信仰《レリジョン》の対象」だからである。一方、ピューリタンの間では、聖書の権威という原理が明らかであった。彼らはこの教理を信条の中で最も大切なものとする傾向を持ち、この教理のために断固として闘ったが、その頑固さは、しばしば彼らに擁護できない偏狭な立場をとらせるという誤りを犯させることになった。その問題は、リチャード・フッカーにとっては明らかであり、彼は、それをイングランド国教会の改革派対保守派の論争の主な原因であると考えていた。「神は人間に多種多様な法を残し、それらの法すべてによって人の行為はある程度方向づけられるが、ただ一つの法、すなわち聖書のみが、『取るに足りないことを取り上げるほどにさえ』、すべての事柄において、方向を与える規律であるべきだと彼らは考えた。……彼らは、知恵が人を導くさまざまな方法を、聖書による導きというただ一つの方法だけに限定したのである[19]」と彼は書いている。

同時代の批評家や後世の批評家には、プロテスタントのこのような聖書重視は、文字崇拝であるように思われたが、ピューリタンにとって問題だったのは、神の国の原理であった。なぜならば、「知恵が人を導く多種多様の方法」に対して聖書と同等の地位を与えることは、人の主権を昇格させて神の主権に並ぶものとし、神のみを始めとせずに神と人の二者を始めとすることになるからである。彼は、知識と理性を蔑ろにしたわけではなく、[20]「キリストを根底におき、すべての健全な知識と学識の唯一の基盤とする[21]」と決意していたのである。啓示を形成的行為の基盤とするように彼に命じるのは、古代への愛着であったり、聖書は人間の自由を保証する良い道具であるとする省察であったりするのではなく、彼の論理的一貫性なのである。

しかし、プロテスタントは、神の国のもとで生を組み立てようとする努力を始め、続ける中で、啓示の原理は決して単純な原理ではないことを発見した。聖書と啓示された神の意志を同一視することは、神の生きた実在を実質的に否定することにつながる。ジョン・エリオットのような人物は、聖書が「神自身によって立てられた世俗政府の形」を含んでいることを疑うならば、「われわれは聖書の充足性と完全性をそこなうことになる」と考えた。したがって、そのような者たちは、国家と教会を古代イスラエルと天使の軍の範にならって形成しようとした[22]。しかし、三つの事柄のために、聖書は神の意志全体を具現化したものとしては受け入れられなかった。第一は、聖書《バイブル》そのものである。十九世紀になって初めて、それは生と運動と歴史の書としてどれほど徹底したものであるかが明らかになったが、十七世紀にも、その基本的事実は真に疑われることはなかった。二つの契約、律法と預言者、福音書と使徒書簡が論じられなければならなかったからである。さらに、聖書は、聖霊を通して神が直接働くと教え、書かれたものに対する崇拝を激しく批判した。聖書を法律書として用いることに対する第二の障害は、初期のイスラエルの民や一世紀のキリスト教徒が置かれていた状況と、十七世紀のアメリカ人が置かれていた状況の相違である。ロジャー・ウィリアムズは特にこの困難さに気づいたが、彼よりも伝統にこだわる者たちはその困難さから逃れることができなかった(23)。第三は、聖書と啓示を同一視することによって、啓示への信仰が拠って立っているところの根本的な確信――生きた神が主導権を持っているという信仰――を否定することになるということである。なぜならば、それは、神が自らを古代の存在であると認めて、実質的にこの世から退いたという意味に解釈され得るからである。マサチューセッツ・ベイのピューリタンたちは、無律法主義者《アンチノミアン》、ロジャー・ウィリアムズ、クエーカーとの闘いの中だけでなく、形成という現実の業の中で、社会のための法を作り上げ、政治を行いながら、このような困難と闘ったのである。しかし、どれほどのものが危険にさらされているかがうかがわれるほど断固とした態度で、彼らは、自分たちのすべての業において聖書に忠実であろうとした。結局、内面的闘いと外面的闘いの両方によって、彼らは聖書的法治主義の実践へと導かれ、聖書に記された神の啓示は、二重の契約であると理解されることになる。つまり、聖書は、実際には日常生活のために制定される必要のある法律の源ではなく、また完全には教会で説かれるべき教理の源でさえない。それは、個人や大衆の気まぐれな欲望を抑制し、預言者を自称する者の主観的霊感や賢者であると自惚れている者のもっともらしい理論を絶えず抑制するものなのである。ピューリタニズムは、偏狭な形成主義に陥りがちであり、根本法を、すべての新しい観念や方法をはかる基準として用いるだけでなく、そうした観念や方法すべての源としても用いようとする衝動にかられる。それにもかかわらず、それは、生きている神の絶対主権の原理が導く弁証法的展開に沿って進まざるを得ないのである。[24]

ピューリタンがこの弁証法の一局面を強調したならば、分離派とクエーカーはもう一方の局面を強調した。両者がその間を揺れていた二つの極とは、神の現在の意志についての客観的基準――イエス・キリストを通して示され、聖書に記録された神の自己啓示――と主観的基準――聖霊の証し――である。ピューリタンは第一のものから始め、常に第二のものへ向かって移行しなければならなかった。分離派は第二のものから始め、折々第一のものへ移行しなければならなかった。ピューリタンは、個人主義を避け、神の絶対主権のもとでの確かな地位を確立することを望むため、律法主義と権威主義に向かう傾向があった。クエーカーとその霊的縁者は、同様の確かな地位を見いだそうとする望みから、主観主義と個人主義へ向かう傾向があった。両者とも同じように、キリスト教的法治主義の原理を認めるよう求められた。つまり、あらゆる場合に、キリストとして顕された神の啓示を、その時その状況のもとで絶対的な主の意志は何かと問う人々の疑問に対して、理性や霊的体験が与えた答えを判断基準とするように求められたのである。ロジャー・ウィリアムズは、この問題に取り組んだようには思われない。彼にとっては、この世で秩序を整える業を行う理性を導くためには、魂の内にあるキリストの霊で十分だったのである。そのキリストの霊は聖書からのみ知ることができるということを、彼は自明のこととするであろう。「そこは神秘的な言葉や財宝、救い主《キリスト》であるイエスが隠されている場なので」、彼にとって「文字どおりのその言葉は魅惑的である」[25]と彼は書いている。クエーカーは、彼らがピューリタニズムの特徴であると考えていた聖書を文字どおりに解釈する考え方《リテラリズム》と闘い、内なる光を聖書より上位に置いたが、彼らは初期には、あまりにも聖書的観念に満たされていて、聖書の権威を自明のものと考えていたので、自分たちが歴史的啓示という原理にどれほど依存しているかに気づかずにいた。彼らにはイエス・キリストと内なる光を同一のものとして語る傾向があるが、彼らは実際には、聖書に書かれた受肉のキリストの霊を、内なる光を判定する基準としたのである。(26) ルーファス・ジョーンズ教授は、後の時代に言及しながらではあるが、フレンド派[*6]が当初から巻き込まれていた、アメリカにおける形成的な業に現れた弁証法的展開を次のように描写している。

フレンド派の者は誰も、内なる光の教理に含まれる意味と困難に適切に向き合ってこなかった。他方、誰も、歴史的啓示と個人の魂の内にある光との関係を本当には理解していない。……一世代全体の間、フレンド派は向かい風の中を航海する船のように、奇妙なジグザグにとらわれ、聖書から内なる光へ、そして内なる光から聖書へと行き来してきたのである。(27)

「奇妙なジグザグ」という表現は、アメリカのプロテスタンティズムの全行程を表す表現で、クエーカーだけを表すものでも、初期の者たちのみを描くものでもない。一方の巡礼船は右舷開きで帆走し、もう一方は左舷開きで帆走してはいるが、どちらも同じ風によって運ばれ、どちらの羅針盤も同じ北極を指し、どちらも同じ港へ向かっているのである。航海に譬える代わりに政治的な譬えを用いるならば、聖書的な法治主義の重要な方針は、アメリカにおける形成的なプロテスタンティズムの発展に見られるといえるであろう。長期的には、すべての集団が根本法に対する忠誠心を示すが、この根本法への忠誠は、神への忠誠に次ぐもので、神への忠誠と切り離すことのできないものである。法治主義の方針は同時に動的運動の方針でもある。なぜならば、根本法は法であるというよりもむしろ生の記録であり、統治者の自由な活動のもとに置かれているためである。この統治者は、過去にしたのと同じように現在を支配するが、過去によって現在を支配するのではないという意味で、自由である。

形成的プロテスタントのキリスト教的法治主義と十七、十八世紀の政治的法治主義は、緊密な関係を持つ。しばしば、前者は後者に依存すると主張されてきた。しかし、一方の基盤は人民主権の思想であるのに対して、他方の基盤は絶対神への信仰である。このような源の違いが、協調とともに相違と争いをもたらした[28]。キリスト教的法治主義がその政治における対応物に負うもののほうが、後者が前者に負うものよりも多いかどうか、人民の意志の力のほうが神の意志の力よりも法のもとの生と運動に多くをもたらすかどうかは、明らかではない。相互関係がどのようなものであろうと、文化が宗教に負っているものがどのようなものであろうと、神の国の民は、労苦と過ちにもかかわらず、万軍の主の指揮のもとで彼ら自身の行進の行程を進もうとした。行為を始めた時にどのようなことを考えたとしても、神の支配のもとにある生は、不変の制度の中で安全に住まうことではなく、むしろ神の指図に従って動くことであると、彼らは、歩みを進める中で気がついたのである。

Ⅲ　神の絶対主権のもとにある教会

神の主権に対する信仰がアメリカのプロテスタントの形成的業を導いたのであるが、この信仰がもたらした第二のものは、教会の独立という原理である。肯定的に表現するならば、それは、神の国に対する教会の依存の原理である。この原則は、啓示の原則と同様、単純なものではない。一方では、神は生きている神で、その意志は常に活動的であり、制度を規定するというより生を導く。また、他方で、神は堕落した世界と関わることによって、神の国に忠誠心を持つ市民に対して、個人としても集団としても、自分たちの生を神の方向へ向けるように、また神の創造へ向かうように改めることを求めた。その神の創造は、キリストの受肉、昇天、再臨に少なくとも象徴的に表現されているものである。アメリカにおける形成的なプロテスタンティズムは、非常に不本意ではあったが、それが信じている神の意志に命じられ、教会という制度［を設立する］代わりに教会運動となった。しかもその運動は、定義可能な目標に向かって単線的に進むものとしてではなく、むしろ弁証法的展開として推進することが求められたのである。その業が複雑であったのは、政治的利害や個人的利害が入り込んだためであるというよりは、弁証法的展開であったという事実のためである。もちろん、政治的、個人的利害は存在していて、教会の設立者たちを混乱させたことも明らかである。神の国のもとでの生の大戦略には、世俗世界に対する攻撃だけでなく世俗世界からの避難も含まれ、強力な軍隊を展開させるだけでなく砦を建設することも含まれている。そして、このような大戦略は、しばしば、当事者や観察者には明かされない。彼らは方策のみに関心を持ち、運動全体の中で彼らが演じている小さな役割を見失い、日常的な命令を遠い天国の司令部からの指示と常に一致するものであると考えてしまうからである。しかし、われわれが、教会形成の業にとって根本的な原理である神の絶対主権という原理の意味をしっかり心に刻むならば、われわれは戦略のパターンの幾分かをうかがい知ることができるであろう。

いつの時代も、人は神の実在を認識することによって、教会の集まりを第一の務めとするように導かれた。預言者の場合に、そうであった。預言者は、主が権威を持っていることを経験し、イスラエルの民は神に無限に依存していると理解したので、神が創造した国家に向き直って、古代の契約の効力をあらためて認め、聖なる伴侶である神に忠実であるようにと国家を説得した。洗礼者ヨハネの時代とイエス・キリストの時代[29]も、またフランチェスコ派によるキリスト教的生の復興の時代[30]もそうであった。教会が神の前にある人々の集まりでないとしたら、また、すべての相対的で有限な目標を放棄して生の無限の目的に向かう者たちの運動でないとしたら、教会とは何であろうか。それは、世俗世界の多元的で一時的なものの中から呼び出され、至高の実在で、唯一の善であるものへの忠誠へと召された教会《エクレシア》なのである。その善とは、あらゆる有限なものの善が根拠としているものである。

　神の主権への信仰が本物であるほど、教会形成は、他のあらゆる務めに優先されるはずである。支配的地位にある人間がすべて神に依存しているならば、政治的、経済的、生物学的共同体を組織するためのすべての労苦は、教会を現実のものとする労苦に従属するものでなければならないからである。アメリカのプロテスタントの間では、現実の教会はさまざまな相対的な組織の型をとることになったが、その相違にもかかわらず、この根本的な原理については一致していた。彼らは神の主権に基づく決定論者であり、政治的建設を第一のものとするはずはない。それは、経済的条件を第一とする決定論者が宗教から始めることがないのと同様である。そのため、プリマスのピルグリム・ファーザーズは、彼らが共和国《コモンウェルス》になる前から教会であり、教会であり続けるためだけに共和国になったのである。マサチューセッツ・ベイ、コネチカット、ニュー・ヘヴンに定住したピューリタンたちの第一の関心事は、教会であった。ジョン・コットンは彼らの気持ちを表現して、「国家を神の家である彼の教会にはめ込まれるように作るほうが、教会を世俗国家に合わせるよりも良い[31]」とセー・アンド・シール卿に書き送っている。政治問題についてのピューリタンたちの議論も重要ではあるが、教会組織の問題についての論争が最も重視された。俗世から真に召し出された者たちから成る見えない教会はどのようにして目に見えるものになるか、どのようにして見える教会は、神によって建てられた教会《エクレシア》を純粋に表現し続けられるか、が大問題であった。近年、ロジャー・ウィリアムズは第一に政治思想家であったと解釈する傾向があるが、彼もまた、トマス・モアや他の多くのキリスト教政治家と同じように、まずは教会人であったことを理解しなければ、彼の著作を［正確に］読むことはできないであろう。彼は真理を探求する者であり、あらゆる制度的宗教組織に不満であった。しかし、この事実は、否定的な意味よりもむしろ肯定的な意味を持ったのである。彼は、霊において、ニュー・イングランド人の中で最も超俗的な人物であり、プロテスタントの修道士ともいえる人物であった。中部植民地のクエーカーが教会建設という本来の仕事に関心を集中したことは明らかであり、このことは、彼らの肯定的行為が考慮されるか否定的行為が考慮されるかには関わりがない。彼らは政治の問題も経済の問題も、二次的重要性を持つ問題として対処した。何よりもまず真の教会を建て、人々を自分の「ひとりよがりの礼拝」から離れさせ、「神の民」を友会《ソサエティ》に集めて、そこで個人的、社会的規律の助けを借りて人々の純粋性を維持しようとした。多様な集団の中にどのような問題が起ころうとも、生きている神の主権のもとでは、人の第一の関心は、制度としての教会ではなく、その真の目標に向かおうとする生の運動の社会的表現としての教会を建てることであるということが、すべての者にとって明らかだったのである。

　神への従属の逆は、神ではないあらゆるものの自律である。初期のアメリカのプロテスタントは、彼らの間に見られることになる相違にもかかわらず、この原理に関してもまた、一致した。神に対する人間の関係は直接的であるか、イエス・キリストによってのみ媒介されるものであるため、神の主権を表現しているという君主や司教、国家や教会機関の主張は、拒否されなければならない。特に、教会の支配者が、相対的な目的を達成するために、常にそれを用いようとする傾向があるという事実を考えるならば、国家や教会機関の主張は拒否されなければならない。カルヴァンは、ジュネーヴにおける「教会の」独立の原理の重要性を理解していたので、神の意志に照らして聖餐についての独自の条件を決定し、メンバーに規律を与える権利を教会に保持させることを第一の関心事とした。[32] アメリカにおけるプロテスタント運動を標榜する集団の間では、そのような独立の必要性はまったく問題にならなかった。ピューリタンは、クエーカーやバプテストに比べて保守的であったとはいえ、イギリスのピューリタンよりさらに独立の方向へ向かっていた。そして、後にウィリアムズとクエーカーがさらに進めていく独立の段階の第一歩を記したのである。マサチューセッツ・ベイとコネチカットの公認教会でさえ、国教《ステート・チャーチ》のようには、役職者の指名、規律の執行、教会の統治形態の設立に関わるどのような権利をも、政府には与えなかった。この意味で、独立の原理は、アメリカのプロテスタンティズムには最初から確立されていた。そして、それに続く自由教会の発展は、政治的運動によってと同様に、宗教的運動によっても必然となったのである。

神の絶対主権を教会形成の第一原理と見なすことは、それが教会員資格に課した制限にさらに重要な結果をもたらしてきた。教会を神の主権のもとに置くということは、神自身によって俗世から「選び出された」者のみが真の教会員であるということを意味する。したがって、形成的プロテスタントの問題は、人による制度を神の業に適合させるという問題であり、「見える」聖徒《ヴィジブル・セインツ》でない者は誰もその制度への入会を認めないように注意するという問題であった。もっとも、こうした事柄についての人の判断は誤りがちであり、人によって組織された教会は常に、神に選ばれたのではない者を含んだり、神に選ばれた者を排除したりするということは、至るところで率直に認められている。[33] この原理もまた、分離派とクエーカーがピューリタン以上に徹底して推進した共有の原理である。そして、この原理ははじめから、アメリカの諸教会に対して、実際には自発的結社としての性質を与えたのではなく、普遍性より聖性（holiness）を重視するセクトの性質を与えたのである。普遍教会は、信仰の対象である。それは、ピューリタンによれば、まったく見えないものだというわけではない。なぜならば、人がその信仰告白を誤りや「不信心な会話」によって否定しない限り、「全世界を通じて福音の信仰を告白し、その信仰に従ってキリストによる神への服従を告白し、しかもその根底をくつがえす誤りや汚れた品行によって、彼らの告白を破滅させることのない人々の全体の群れは、キリストの見える公同教会であり、……そう呼ばれるであろう」からである。しかし、会衆派のピューリタンは、国や管区や教区の機関がどんな形にせよ神の主権を侵害することをも非常に怖れたため、「それ（公同教会）はどのような教権の執行も委ねられず、全体の群を指導し支配するいかなる役員も存しない」と急いで付け加えている[34]。神の主権についての同じ関心によって、彼は選ばれた者のみから成る教会を求めるようになり、人がその選びを判断できる限りにおいて、彼は教会の権限を限定されたものに保とうとした。この点に関しては、後に詳しく扱うことになる。いずれにしても、会衆主義的で結社的な型をピューリタン、分離派、クエーカーは発展させたが、それは聖書主義や政治的関心に基づくのと同様に、神の絶対主権という原理への忠誠にも基づいているのである。これは、後にヨーロッパから渡ってきた、公認教会の習慣を備えていた教会でさえ適応しなければならなかった型なのである。

神の主権から導かれた教会観を俗世から召し出された教会《エクレシア》という意味でのみ表すことは、歴史的にも神学的にも不可能である。生が向かおうとしているのは、世界を愛し、創造して救った神であるため、民は俗世へ戻ることを求められる。アメリカの諸教会は、最初から、彼らの先人たちすべてが関わってきた、キリスト教のこのような根本的な弁証法の中にあったのである。プラトン主義の逆説によって、この哲学者は君主のように民を導くために永遠の真理のヴィジョンから引き戻されたのであるが、この逆説はそうした弁証法を表現している。また、他者を啓発するために悟りから遠ざかる菩薩という東洋的な観念にも、これに匹敵するものが見られる。それは、神の超越と偏在に関する抽象的で静的な表現の中に、そしてそれらが人に求めていることについての表現の中に、未完成かつ誤った形で表されている。それは、象徴的に表現され、また、創造、堕落、受肉、昇天、聖霊の到来の物語に象徴以上のものとして示される。俗世から民を召し出した絶対主権を持つ同じ神への献身が、人々に俗世で世界に対して奉仕することを求める。したがって、世俗化したキリスト教の堕落から逃れたピューリタン、分離派、クエーカーは、今度は、天界のものとされ、霊的なものとされた信仰の危険から逃げなければならなくなった。さまざまな仕方で、彼らはキリスト教の召命の、二重ではあるが二元的ではない目的を充たそうとしたのである。

ピューリタンは、分離派の危険を非常によく理解しており、双方の考え方に同時に忠実であろうとした。そのため、彼らは、キリスト教的な生の弁証法的な運動を、静的で組織された綜合《ジンテーゼ》に変えようとした。その綜合においては、教会と国家はキリスト教社会の二つの側面を表し、聖人性と市民性は、個人のキリスト教的生における二つの方向性を表す。分離派とクエーカーは俗世から離れる運動を強調するが、彼らはキリスト者の使命をはっきりと意識していた。彼らは、綜合《ジンテーゼ》を求める代わりに、生と真理である霊の導きを頼りにする。実際、彼らは、ピューリタンと同じように、キリスト教的原理が政府や経済に影響を与えることに関心を持ち、また影響を与える能力を示していた。彼らの経験は、動的なものと静的なものが異なっているように、部分的にはマサチューセッツやコネチカットの経験とは異なっていたが、どちらの場合も、神のこの世に対する関係から生じた同じ根本的な型が示されたのである(35)。

この型を詳細にたどることは限界のあることの研究では不可能であり、また、あまり有益でもない。ここでは、ニュー・イングランドとペンシルベニア双方における政治生活への関与と撤退が弁証法的な型と呼応するものであり、キリスト教が世俗の問題を処理できなかったことを示すと考えるのではなく、むしろ根本的な人間の状況によって規定された方法の例と見なすべきであることを指摘すれば十分であろう。一回限りのものとして設立された安定した制度組織ではなく、神へ向かい、神の名においてこの世へ向かう運動だけが、神の絶対主権への信仰を表現できるのである。

こうした始まりから発展したアメリカのキリスト教運動を、中世の信仰が形成されていく時期と比較することは、有益である。中世には、キリスト教的弁証法は修道院運動に現れた。この運動は絶えず新しい始まりがあり、非常に多くのしばしば相互に異なる修道会を生んだ。俗世から召し出されたものの教会《エクレシア》は、神の創造と救済の愛の対象である公共生活を放棄するという危険を常にはらんでいた。他方、祭司的教会は、世界の中で俗世のために存在しているが、固有の福音を失って、既成の罪深い慣習を宗教によって擁護する傾向がある。修道院生活のみが、福音が持っている革命的性質に黙従したり、それを無力なものにしてしまったり完全に失ったりすることからそれを救ったのである。しかし、今度は修道院生活が、改革を繰り返し、常に新しい集団を組織することによって、神のヴィジョンが奉仕を要請していることを理解する必要に迫られた。これらの改革の結果として、また神へ向かおうとする最初の刺激に応えて、修道院は教会の設立者となり、中世文化の形成において最も効果的な機関になったのである。綜合《ジンテーゼ》が弁証法的展開に取って代わり、制度が運動に取って代わったとき、創造的な時代は過ぎ去った。トマス・アクィナスの体系とそれに呼応する聖職の位階構造は、中世の信仰の成果を知らせると同時に、死をも示した。アメリカでも同じ弁証法的な型が作用し、キリスト教運動は、組織化される以前のヨーロッパにおけるのと同じように自由に展開したのである。過去の例や教えに依存するのではなく、神の絶対主権による生き生きした要求に応えて、平信徒である兄弟姉妹たちが次々と、忠誠心のために分離していった。ピルグリム・ファーザーズ、会衆派、クエーカー、バプテスト、モラヴィア派[*7]、ダンカーズ[*8]、メノナイト[*9]、ディサイプル派[*10]とキリスト派[*11]——彼らは神のヴィジョンよりもむしろ神の国を主要な原理としている。これらこそプロテスタント修道会でなくして何であろうか? 鞍袋と規律の書を持って巡回したメソジストの説教者たちは、新しい形をとったフランシスコ会士またはドミニコ会士である。修道院の世俗外教会《チャーチ・アウト・オヴ・ザ・ワールド》が世俗内教会《チャーチ・イン・ザ・ワールド》を設立することになったように、分離派の反世俗教会《チャーチ・アゲインスト・ザ・ワールド》は、形成的な世のための教会《チャーチ・フォー・ザ・ワールド》になった。計画したわけではないが、神の主権に対する信仰の論理的帰結として、アメリカに教会を建てようとするプロテスタントの試みは、遠くからではあるが生きている神の仕方に従う運動になったのである。

Ⅳ　力の制限

アメリカにおける信仰の形成的な業を導く第三の原理は、すべての人間的な力の制限に関する原則であった。限りある力が増長して自己を絶対化するという普遍的な傾向に対する唯一の究極的な答えは、救済にあると理解されているが、すべての力が最終的に十分には調和しないため、抑制が必要であった。ジョン・コットンは、ピューリタンたちが理解していた原理を次のように述べている。

死ぬべき運命にある人間に、行使しようとするときに安心して行使できる力以上の力を与えないように、世界中に学ばせようではないか……この世にある力は、教会の力であろうと他のものであろうと、すべて制限される……必要がある。……特権を制限することは国家にとって危機をもたらす問題であると説明されるが、それが制限されないことのほうがはるかに危険である。それらは制限されないならば、嵐《テンペスト》のようになるだろう。君主自身が、どこで自分を抑制すべきかがわからず、民にもそれがわからない。……したがって、主が定めた制限を熱心に行うことが、すべてのものにとってふさわしいのである。そして、神がその言葉において人に与えているだけの力を人に与えることが、根本的にはすべての力をその内に秘めている民にとってふさわしいことなのである。(36)

コットンは民の力に言及しているが、この原理は、民主的というよりもむしろ神政的である。この事実は、『教会の型と市民の力』の、「神が人に息子としての服従を要求するのは、当然の特権である」という叙述に最もよく示されている。それで、法を制定する執政官の権力は、「モーセの法における神の言葉の中に表現されているいずれかのもの」でなければならない。「——すなわち一般的で道徳的に公正であるという理由であらゆる時代のあらゆる国を拘束するものか、神の言葉からの一般的な帰結と類推によって演繹されるもののいずれか——に限定されたのである。さらに、「俗世の平凡な事柄においても」、執政官は「自分の意にかなう法を制定する権力を神から与えられることはない」。なぜならば、義なる支配が存在して初めて、人間の意志は義なる支配となるからである。この領域で制定された法は、理性に委ねられるものでなければならない[37]。ロジャー・ウィリアムズは、それが否定的である限りにおいて、この叙述に全面的に同意し、良心の問題に関わるところで、それが常に適用されることを望んだ。

神政政治は、政府の形態が君主制であろうと、貴族制、民主制または混合型であろうと、世俗的権力には限界があることを暗に意味している。全体として、民主制はキリストによる支配という観念に関係しているので、全体としては民主制へ向かう傾向があったが、それにもかかわらず、初期のアメリカ・プロテスタントたちの間では、世俗政府の問題に関して果てしない議論が戦わされた。しかし、もし民主制が選ばれるとしても、それも他の政府形態と同様に、神の支配によって制限されることについては、根本的な意見の一致があったのである。ピューリタンたちは、王侯貴族、聖職者、教会といったものの手中にある権力に対して懐疑的であった。同じように、彼らは、民の手中にある権力に対しても懐疑的であった。コットンとフッカーは、ウィリアムズやペンと同様、民は世俗のものの中で最も政治権力の源となりそうもないものであるが、神の赦しによってそれは彼らのものとなったと考えた。そして、それは「彼らの気性に従ってではなく、祝福された意志と神の法に従って行使されなければならない」と考えたのである。[38]「自由な国家においては、どのような執政官も、自由な民の肉体、財産、土地、自由を、彼らの自由な同意を得ることなしに支配する権力を持たない」。しかし、自由な人間は、「自分自身の財産の自由な所有者なのではなく、神のための管理人であるにすぎない。そのため、彼らは、どのような執政官に対しても、自分自身の満足のために自分の肉体や財産、土地、自由全般を譲り渡すことに同意する自由を持たない。それは、すべてのものを統治する主である神を喜ばせるためのみに行われるべきなのである」。[39]シェパードは、人びとが堕落し不安定であったこと、「小鳥が鏡に、ひばりが疑似餌に誘われるように、人は外見に誘われる傾向があり、革新者がこれまでそうであったように黄金の見せかけに誘われる傾向がある」[40]ことを人々に思い出させることで、民主的な権力に対する疑いを表した。同じ趣旨で、ウィンスロップは自然的自由と市民的自由を対比して、前者は「野生動物のようなもので、神が定めたことすべてに矛盾し、抑制して征服すべきものである」と警告を発し、後者を「善で、義で、誠実なものだけに向かう自由」であり、神と人の間の契約によって、つまり道徳的法と「人と人の間の思慮深い契約と根本法」によって制限される自由であると定義している。[41]ピューリタンと分離派がともに神政政治に対する確信を持っていたことは、聖職者然とした独裁者と信徒の民主主義者の間の抗争の単なる背景として説明されるときにはしばしば忘れられるが、ロジャー・ウィリアムズとクエーカーは、民が主権者であったときでさえ、主権には制限があるとするこの原理を大いに共有している。実際、ウィリアムズは神と関わりのない相対的な市民的、道徳的善が存在することを認めているが、[42]クエーカーと同じように、基本的には、人間の権力の濫用を内面から抑制することに関心を持っていた。ウィリアムズもクエーカーも、「自然」人の自律という考え方を擁護したわけではないのである。

もちろん、権力の制限という原理は、どんなものであれ支配権を握るに至ったものの利益のために誤用されがちである。しかし、宗教的確信は、教会の場合と同じように、自己に対する制限を行使するに十分なほど、現実的であり強固であった。すべての道徳的原理と同じように、それは自己防衛のために利用できるが、自己批判と自己制御のためにも利用できる。神のみが主権を持ち、したがって人間による権力の行使はすべて制限されるべきであるというこの教理は、その源が忘れられたときでさえ、アメリカの生においてさまざまな仕方で深い影響を持つようになった。ブライス卿は、次のように書いている。

アメリカの政府と憲法は、カルヴァンの神学とホッブズの哲学に基づいていると述べた者がいた。少なくとも、一七八七年の法律文書に浸透している人間観には、強固なピューリタニズムが存在するということは、真実である。それは、原罪を信じる者による業であり、罪人が［自分では］閉めることのできない扉を罪人のために開けたままにはしないと決意している。この精神を、一七八九年のフランス人の熱狂的な楽観主義と比較してみよう。これは、単なる民族的気質の違いなのではない。これは、基本的な思想の違いである。……合衆国憲法は、良い政府を確固としたものにすることで偉大な共通の目標を達成しようとするよりも、悪を防ぐことを狙っているように思われる。悪は、悪しき政府からだけ生じるのではなく、既存の共同体や市民個人を脅かすだけの力を有するどのような政府からも生じるものである[43]。

ブライスは、原罪が持つ否定的な観念の重要性を強調した点でおそらく正しいが、この観念は、神は真の主権者であり、神の国では人間の力は制限されるべきであり、また、制限され得るという確信と切り離すことはできない。

アメリカの民主制がこの点で、ピューリタンよりクエーカーに負うところがどれほど多いかを、ヘンリー・アダムズが述べている。彼は、ペンシルベニア人がジェファソン時代のアメリカ的生に指導的な役割を果たしたとしている。彼は次のように書いている。「ペンシルベニア人は、政治を好まなかった。おそらく彼らの民主制はその本性に非常に深く根差しているので、彼らは、政治権力を得た時に、それをどのようにすれば良いかを知らなかった。政治権力は貴族制的な性質を持ち、民主的な権力は、その言葉の意味において矛盾しているように思われたからである[44]」。ペンシルベニアの精神に表れているのは、民主主義の天性ではなく、クエーカーや他のセクトから生じた社会的遺産であると考えることができるかもしれない。これらの集団は、悔い改めていない権力を抑制するためには法的権力が必要であると認めており、したがって、世俗政府に同意している。しかし、権力の行使は人を堕落させ、神の絶対主権を強奪させるので、権力に対する欲望は、その源から断つ必要がある。ブライスとアダムズは、アメリカの二つのプロテスタント集団が、権力の制限という原理をどれほど異なった仕方で採用したかを示しているが、思想自体に関してそれらがどれほど一致しているかも示した。ピューリタンは法治主義、聖書、「政略的な契約」によって、また権力の分散によって制限しようとした[45]。一方、分離派とクエーカーは、キリストの謙虚を学ぶことによって制限しようとした。どちらの方法も一種の民主制をもたらすが、それは、人間の主権という旗じるしのもとで行進しているものとは異なった種類の民主制であった。それは、神の国に服従する民主制だったのである。

制限の原理は国家だけでなく、あらゆる有限な実在に当てはまる。これらのプロテスタント、特にピューリタンが教会や良心の絶対的権力を擁護する者であると考えることは、彼らを絶対的な人民主権を主張した初期の代表者であると考えることと同様に誤りである。神のみのものである王国に対する大強奪は、教会の中で起こったのだと彼らはみな信じていた。彼らの目には、教会万能主義は君主制と映り、後の世代の目には、極端な資本主義やナショナリズムがそのようなものと映った[46]。その大強奪のことを考えて、彼らは何にもまして教会の絶対主義を怖れたのである。それで、ジョン・コットンは次のように述べている。

すべての者、(もし君主に向かって話すべきならば) すべての君主、そしてすべての執政官に対して、自分たちの権威を行使して教会の守護者となり、また、その霊的地位という点で教会の子となる方法を教えようではないか。そして教会に栄光 (栄光は美と力のためのものなのであるが) を与えないようにする方法を時に応じて勧告をしようではないか。栄光は教会を怪物にし、教会をキリストの敵にするからである。それで、もし教会の役員を治安判事や顧問にしたり、自分たち自身の政府を彼らに売り渡したりするならば、また教会がそれらのいずれかを非難するならば、あなたはそうしなければならない……。そして、このことによってあなたが教会に与えた栄光が腐敗して怪物化することになる。したがって、執政官は自分の権力を自分自身の手中に保つ必要があり、その事実によって教会に由来するものを取り上げないようにする必要がある。

彼はまた以下のように続ける。「主権者に影響を及ぼそうとすることほど、われわれに不釣り合いなことはない。われわれが栄光をまとって王たちを圧迫したり、誰かを倒したり、われわれがふさわしいと思うことを執政官が実施するように望んだりすることは、確かに、キリストの教会の純真さとは相容れないものである。彼らは自分の権力をわれわれに与えることはなく、またわれわれが彼らからそれを取り上げることもないのである」[47]。教会に世俗的権力を与えることは、「天の王国の鍵ではなく底無しの落とし穴への鍵」を与えることである[48]。ニュー・イングランドの者たちは、教会の権力と国家の権力を注意深く区別することを強調しようとしたが、この区別は、教会を制限しようという欲求によってと同じように、世俗的権力を制限しようという望みによって影響されている。これらすべてにおいて、彼らはカルヴァンと他の宗教改革者にならって、教会による支配権の行使に異議を申し立てると同時に、そのようなものからの独立を宣言した。それで、聖職者もまた、世俗の官職に就くことを禁じられたのである。

ここでもまた、ウィリアムズとクエーカーは、ピューリタンがたどった道をさらに前進した。ウィリアムズは、マサチューセッツ・ベイの指導者たちの警告が主張していた以上の一貫性を行為の中に求めた。教会に世俗的権力を与えることは、「すべての真のキリスト教の基盤と基礎を覆し、根こそぎにすることであり、主イエス、偉大なる油注がれた者が肉となって来られたことを完全に否定すること」である。(49) 教会が堕落することなく主張できる唯一の権力は、「神の御霊という諸刃の剣」の力、すなわち受難に遭い、迫害された力、弱さにおいて完全なものとされた力である。これは、クエーカーの基本的な立場でもあった。彼らは、教会を愛し、権力によって汚されないことを望んだので、ウィリアムズと同様に、教会と国家の分離へ向かう道を用意したのである。

教会組織に会衆主義的で結社的な型《アソシエーショナル》を採用することは、少なくとも部分的には、制限に関するこの原理のためである。「あらゆる教会を独立させておこう。それは、信徒としての勧告からの独立ではない。神は、われわれがそれを拒否することを禁じているからである。しかし、教会が権力を持って、一つの教会が残りの教会にまさる力を持つとき、キリストの敵を招くことになる。……大きな支配は、世界が始まった時以来、一度もキリストの教会のしるしであったことはない」とコットンは述べている。(50) 教権を会衆に限定することは、教会権力を制限するための手段としても、地方教会の権利を主張するための手段としても採用された。会衆はさらに、契約と聖書に支配されることによって、そして相互に抑制し合う長老と信徒の間での権力の分散によって、「キリストの敵」になることを免れた。もちろん、教会組織のこの領域にはいまひとつの観念――後述することになるキリストの王国という観念――が関わりを持つ。しかし、神の絶対主権の原理と、この権力はいかなる有限な実在によっても強奪されるべきではないという規定もまた、重要である。

神が王であることは、教会だけでなく良心をも制限することになる。人間の良心は絶対的なものではないためである。それは人の内にあって、それによって人が絶対法を理解するための原理である。エイムズは、次のように述べている。

良心は、人が信じる神の審判に従って自分自身を審判するものである。……われわれが為すべき、また避けるべき多くの物事についての知識は、神の善性を通して、人が罪を犯した後も人間の心に保持されている。……この良心と、すべての人間の心に生まれつき書き込まれている自然法や神の法とが異なるのは、関心や理解という点においてのみである。というのは、法は客体であるのに対して、良心は理解された客体だからである。(51)

明らかに、人が自分の良心に逆らうことは常に誤りである。ピューリタンたちは、「どのような人間も、また王といえども、良心に対して強制力を持つことはない」という原理に関しては、クエーカーや分離派に賛同していた。しかしながら、この主観的原理は客観的な原理に従属した。良心ではなく、良心が理解する現実が絶対なのである。クエーカーは、ニュー・イングランドの神政政治家と同様、良心の相対性を理解しており、それが世俗的な知恵によって頑迷になり、不服従によって汚されたことと、それがキリストの光への服従によって罪から解かれる必要があったことを認めていた(52)。有限な権力の相対的な支配権を十分に正当に扱うという問題は、多くの困難と抗争を生じたが、良心と神の法を単純に同一視することによってそれを解決しようとするような者は、プロテスタントの中にはいなかった。

最後に、制限の原理は、経済生活に適用された。近年、プロテスタンティズムは資本主義の生みの親ではないまでも乳母であったという理論が、広く受け入れられている。しかし、神の国に関するプロテスタントの原理と自由放任経済の原理の相違は非常に大きなものであり、前者と政治的自由主義の理想との相違と同じ種類の相違である。神の国への信仰は、権力と利益を渇望する未回心の者を解放するように要求するものではなく、むしろ彼が神の法に進んで服従するようになることを求めた。理神論に見いだされる実際的な種類の無神論が出現して、この観念が経済的自由主義と混同されないようにする必要があった。実際、人間による神の権力の強奪を恐れたために、教会と国家は制限されたが、そのような制限が経済的絶対主義の興隆を許容するかもしれないという事実は、はっきりとは予見されなかったのである。それはちょうど、ヨーロッパにおいて、初期のプロテスタントが、教会を制限することによって政治的絶対主義の誕生に機会を与えることになるであろうとは予見しなかったのと同じである。しかし、資本主義の精神とプロテスタンティズムの精神は、二つのまったく異なるものであり続けているのである。

アメリカのキリスト教が、ペンシルベニアでもニュー・イングランドでも、経済的拡張主義に抵抗した仕方を見るとき、他の領域と同様に経済の領域でも制限が必要であることに、彼らが気づいていなかったわけではないと結論づけられる。この点に関して、トーニーは、ニュー・イングランドのピューリタニズムを以下のように適切に描写している。

この幸福な、主教のいないエデンの国では、ひとびとは福音の素朴さを旨として、ひたすら神を礼拝しようとし、また「神の言葉のおきてによって統治せられん」ことを望んだのであって、そこでは、真の信仰告白者には「煙草や不謹慎な流行や高価な衣服」さては「たがいに乾盃しあうかの無益な風習」が禁止せられただけではなく、「たいていのひとびとがすべての商取引で侵している……安く買っては高く売るというあの周知の悪習」にたいしても、神父たちのとった態度は、この時代のひとびととくらべてより事務的になった現代のアメリカ人ならふかく共鳴できそうにもおもえないものであったのだ(53)。

土地の分配に関して、そしてコットンとウィンスロップが示した取り引きを規制しようとする努力に関して、権力と傲慢さが神の国に対する反乱を招くことがないように、制限の原理が守られた。経済活動における中庸というクエーカーの教理は、さらに厳格であった。ジョージ・フォックスは、経済人に以下のように教えを説いている。

汝らロンドンの商人たちよ、悔い改めよ。汝ら商人たち、都市の名士たちよ、悔い改めよ。主の御手に委ねられた日が汝のもとにやって来る。汝ら、邪悪さと飽食と耽溺に生き、永遠に祝福された神である造り主よりも造られし者に仕える者たちに、主の怒りの日が押し寄せようとしている。……汝ら商人たちよ、……汝ら船頭と漁師たちよ、……汝ら貧しき者たちよ、……汝ら農夫たちよ、……悔い改めよ……そして主に救いを求めよ。汝の心は貪欲さから救い出されるであろう。

小売商や貿易商や仲買人をしていたり、何らかの商業に携わっているすべてのフレンド派の者は、どこにいても、

「神の力のもとで貧しい身分に留まり」、自分の能力を超えず、自分に成し遂げられること以上を求めようとはしなかった。ウィリアム・ペンは、仕事における中庸と制限についてのこの勧告を繰り返し、クエーカーの教えはそれを守らせようとしている[54]。

この原理は、経済にも適用できると考えられるが、権力の分散と均衡が内的抑制以上のものを与えた政治的領域や教会的領域の場合のようには実行されなかったということは、事実である。経済生活を同じような仕方で組織できなかったのは偽善のためではなく、十七世紀と十八世紀初頭の資本主義が比較的穏健で害の少ないものであり、教会と国家が行使してきたものと同じような絶対主義へ向かって成長するとは予見できなかったことのためであると、われわれが考えるのは当然である。経済の自律という観念ではなく、神の絶対主権の原理が、他の領域におけるのと同じようにここでもプロテスタントの原則であり続けているのである。

このようにして、法治主義、教会の卓越と独立、すべての人間的権力の制限を強調することを通して、神の国への信仰は、初期のアメリカにおいて形成的なものになった。それは、非常にさまざまな現れ方をしたものの、決定的な意味と性質を持った一つの運動を生んだ。ピルグリム・ファーザーズ、ピューリタン、クエーカー、さまざまな分離派は、アメリカで、時の終わりに至るまで留まることのできる安全な制度から成る社会を形成できると信じていたのかもしれないが、絶対主権を持つ神に服従することによって、彼らは、より良いものを生み出すことへ導かれ——無限の目標をめざす生を生きることになったのである。

［注］

（1）V.L. Parrington, “The Puritan Divines, 1620-1720,” in *Cambridge History of American Literature*, I, 32, 41.

（2）*Bradford’s History of Plymouth Plantation, 1606-1646,* edited by William T. Davis (New York, 1908), pp.44-46.

（3）“Winthrop’s Conclusions for the Plantation in New England,” in Massachusetts Historical Society’s *Proceedings*, 1864-65, pp.417 ff.

（4）John Cotton, *God’s Promise to His Plantations* (London, 1630). *Old South Leaflets*, Series XII, No.6 (Boston, 1894)に翻刻されている。

（5）Roger Williams, *Experiments of Spiritual Life & Health, and their Preservatives In which the weakest Child of God may get Assurance of his Spiritual Life and Blessedness And the Strongest may finde proportionable Discoveries of his Christian Growth, and the means of it* (London, 1652, reprinted in partial facsimile, Providence, 1862), pp.48 f., 56.

（6）*The Letter of Roger Williams*, edited by John Russell Bartlett. Publications of the Narragansett Club, First Series, Vol. VI (Providence, 1874), p.168.

（7）Robert Barclay, *An Apology for the True Christian Divinity*, Fourth Proposition (Philadelphia, 1908), p.15.

（8）Isaac Pennington, *Works* (4th ed., Philadelphia, 1863), II, 371.

（9）Peter Bayne, “English Puritanism : Its Character and History,” an introduction to *Documents Relating to the Settlement of the Church of England by the Act of Uniformity of 1662* (London, 1862), p.16.

（10）Williston Walker, *The Creeds and Platforms of Congregationalism* (New York, 1893), p.370. ［「サヴォイ宣言」本文全訳、佐野正子訳、「聖学院大学総合研究所」紀要一七号、四四六-四四七頁、二〇〇〇年］

（11）Richard Baxter, *A Holy Commonwealth, or Political Aphorisms* (London, 1659), theses 24, 26, 28 (pp.18, 42, 43).

（12）William C. Braithwaite, *The Beginnings of Quakerism* (London, 1912), p.97に引用されている。

（13）*The Works of George Fox* (Philadelphia and New York, 1831), I, 96 ; cf. p.108.

（14）Pennington, *Works*, II, 98, 96 ; cf. I, 79 ff.

(15) Roger Williams, *The Bloudy Tenent of Persecution for Cause of Conscience Discussed*, edited for the Hanserd Knollys Society by Edward Bean Underhill (London, 1848), p.8.

(16) Robert Barclay, *Inner Life of the Religious Societies of the Commonwealth* (London, 1879), pp.306 f. に引用されている。

(17) トマス・フッカーは *Survey of the Summe of Church Discipline* (London, 1648) への序文で、「われわれは自分が実践したことを疑わないが、すべての疑いを越えて、要するにすべての人間は嘘つきであり、われわれは貧しく弱い者たちの中にいて、知らずに過ちを犯したり、犯そうとしたりするだろう。われわれは何を学んだかを告白し、学ぶであろうことを生きて告白する」と書いている。この精神は、少なくともピューリタン指導者の特徴であると同時に、彼らの批判者が彼らのうちに見いだした不可謬性の怪しげな主張でもあるように思われる。

(18) Robert Barclay, *Apology*, Second and Third Propositions, pp.13, 15.

(19) *Of the Laws of Ecclesiastical Polity*, Book II, introduction and chap.1.

(20) Samuel E. Morison, *The American Pronaos* (New York, 1936), pp.15 ff.

(21) *New England's First Fruits*, Massachusetts historical Society, *Collections*, Vol. I (2d ed., Boston, 1806), p.243. に収録されている "Rules and Precepts that are observed in the College" の第二版。

(22) John Eliot, *The Christian Commonwealth: or, The Civil Policy of the Rising Kingdom of Jesus Christ*, Massachusetts Historical Society, *Collections*, Series III, Vol. IX (Boston, 1846), p.134. Cf. F.J. Powicke, *Some Unpublished Correspondence of the Reverend Richard Baxter and the Reverend John Eliot, the Apostle to the American Indians, 1656-1682* (Manchester, 1931).

(23) Williams, *op. cit.*, pp.272 ff.; cf. pp.2, 87.

(24) 聖書を根本法として使う例は、ジョン・コットンのしばしば引用される *Abstract of the Laws of New England*, reprinted in Peter Force, *Tracts and Other Papers, Relating Principally to the Origin, Settlement, and Progress of the Colonies in North America* (Washington, 1844), Vol. III に見られる。コットンの著作は、大部分、教会と国家の既存の法を体系化しようとしただけではあるが、聖句に付随して聖書に言及することによって、法は根本法からの推論であったり模倣であるというより、むしろ根本法と確実に一致するようになる。Cf. I.M. Calder, *The New Haven Colony* (New Haven,

1934), pp.42 ff. もちろん、聖書の法治主義の意味を純粋に否定的な意味に理解することも可能である。聖書《バイブル》の中には非常に多くの文書と見解が含まれているので、あらゆる種類の解釈に機会を提供しており、それは主に、伝統的な形態に抵抗する武器として、または形成の手段としてよりもむしろ批判の手段として利用されたということができるだろう。Cf. T.C. Hall, *The Religious Background of American Culture*, pp.22, 25, 53, 55と H.W. Schneider, *The Puritan Mind* (New York, 1930), p.52-53. このような主張をすることは、あらゆる多様性にもかかわらず聖書は一定の統一性を持つということ――ヘブライ的人生観だけでなく預言者的人生観を持つということ――を忘れるということである。聖書の多様性が自由を育むならば、聖書の統一性はその自由に方向性を与えたのである。

（25）*Letters of Roger Williams*, p.212.

（26）Pennington, *Works*, IV, 263 ff.；III, 45, 55, 244；Barclay, *Apology*, pp.137 ff.

（27）Rufus Jones, *The Later Periods of Quakerism* (London, 1921), I, 457. Cf. Braithwaite, *The Beginnings of Quakerism*, pp.289 f., 300, 390.

（28）Perry Miller, *op. cit*., p.47.

（29）Gerhard Gloege, *Reich Gottes und Kirche im Neuen Testament* (Gütersloh, 1929), pp.201 ff.

（30）Benz, *Ecclesia Spiritualis*, pp.134 ff.

（31）Hutchinson, *History of the Colony of Massachusetts Bay* (2d ed., London, 1770), I, 497.に引用されている。

（32）H.D. Foster, “Calvin’s Program for a Puritan State in Geneva, 1536-1541,” *Harvard Theological Review*, I, 402 ff.

（33）John Cotton, *Of the Holinesse of Church Members* (London, 1650), pp.32, 43 f. Cf. Perry Miller, *op. cit*., pp.196 f.

（34）The Savoy Declaration, Part I, chap. 26, sec. ii, in Walker, *Creeds and Platforms*, pp.395 f.［佐野正子訳「サヴォイ宣言」「『サヴォイ宣言』研究――『ウェストミンスター信仰告白』との比較――（その１）」、「聖学院大学総合研究所紀要」一七号、四七四頁、二〇〇〇年］Cf. John Cotton, *The Way of the Congregational Churches Cleared* (London, 1648), Part II, pp.5 f.

（35）Isaac Sharpless, *A Quaker Experiment in Government* (Philadelphia, 1898)；Rufus Jones, *The Quakers in the American Colonies* (London, 1923), pp. xiv, xx, 171 ff., 475 ff., *et passim.*

(36) John Cotton, *An Exposition of the thirteenth Chapter of the Revelation* (London, 1656), p.72. Cf. his *A Brief Exposition with Practicall observations upon the Whole Book of Ecclesiastes* (London, 1654), especially pp.164-68.
(37) Williams, *The Bloudy Tenent*, pp.219 f.に引用されている。
(38) コネチカット歴史協会における一六三八年五月三十一日のフッカーの説教。*Collections*, Vol.I (Hartford, 1860), p.20.
(39) Williams, *The Bloudy Tenent*, pp.219 f.に引用されている。
(40) Perry Miller, *op. cit.*, p.246に引用されている。
(41) *Winthrop's Journal* "*History of New England,*" edited by James Kendall Hosmer (New York, 1908), II, 238 f.
(42) *The Bloudy Tenent*, pp.211 f.
(43) James Bryce, The American Commonwealth (Chicago, 1891), I, 299 f.
(44) Henry Adams, *History of the United States during the Administration of Thomas Jefferson* (popular edition, New York, 1930), Book I, p.116.
(45) John Cotton, *The Keyes of the Kingdom of Heaven* (Boston, 1843), p.3
(46) Cf. Hooker's Preface to the *Survey of the Summe of Church Discipline*.
(47) *An Exposition of the thirteenth Chapter of the Revelation*, p.17.
(48) *The Keyes of the Kingdom*, p.22.
(49) *The Bloudy Tenent*, p.61.
(50) *An Exposition of the thirteenth Chapter of the Revelation*, pp.30 f., 121.
(51) William Ames, *Conscience With the Power and Cases Thereof* (London, 1643), pp.2, 4.
(52) Pennington, *Works*, II, 234 ; I, 443 ; Barclay, *op. cit.*, pp.461 f.
(53) R.H. Tawney, *Religion and the Rise of Capitalism* (New York, Harcourt, Brace, 1926), p.127.〔トーニー『宗教と資本主義の興隆――歴史的研究』上巻、出口勇蔵・越智武臣訳、岩波文庫、二〇七-二〇八頁、一九五六年〕
(54) Isabel Grubb, *Quakerism and Industry Before 1800* (London, 1929), especially chap. 2 and 6.

〔訳注〕

＊1　ジョン・ハンフリー・ノイズ（一八一一―八六）によって、ニューヨーク州オネイダで一八四八年に始められたキリスト教的共産主義のユートピア的共同体。

＊2　ジョージ・リプリ、マーガレット・フラー、ナサニェル・ホーソーンらによってマサチューセッツ州に設けられたユートピア的共同体。

＊3　一七一四年にドイツで生まれた敬虔主義の一派。一八四〇年代にアイオワ川流域のアマナ地区に開拓共同村を形成した。

＊4　北アメリカの先住民のこと。本書が執筆された時代には、この呼称が一般的であった。

＊5　一六五八年。会衆派の原理を表明したもの。長老派の原理を表明したウェストミンスター信仰告白に類似している。

＊6　The Society of Friends. クエーカーの正式名称。

＊7　ボヘミアのフスに端を発する敬虔主義の一派。一七三五年にジョージアに入植したが、後にペンシルベニアに移り住んだ。ペンシルベニアのドイツ系プロテスタントの間に霊的な絆を築こうと試みたが、成功には至らなかった。

＊8　一七〇八年、ヘッセン地方でアレキサンダー・マックを中心として始められた一派。三度の浸礼を実施することが、名称の由来である。

＊9　オランダのメンノー・シモンズ（一四九二―一五五九）によって始められた再洗礼派の一派。一六八三年にフィラデルフィア近郊のジャーマンタウンに最初のグループが入植した。初期の信徒はスイス系とドイツ系が中心である。

＊10　ペンシルベニア西部におけるトマス・キャンベル（一七六三―一八五四）、アレグザーンダ・キャンベル（一七八八―一八六六）父子のグループと、ケンタッキーにおけるバートン・W・ストウン（一七七二―一八四四）のグループが一八二三年に結合して形成されたプロテスタントの一派。

＊11　大覚醒の影響により、教派的分離を廃して、「キリスト者」の名のもとに結合しようという気運が高まり、キリストの教会と称する動きがアメリカ各地で見られた。ディサイプル派もそのような動きの一つである。

第三章　キリストの国

I　霊的実験

キリスト者の神の国信仰は、三つの要素から成っている。その第一の要素は、神の絶対主権に対する信頼である。それは隠されてはいるものの、今もなお、すべての実在の背後と内にある実在である。第二の要素は、隠された王国がイエス・キリストにおいて圧倒的な仕方で顕され、自分たちの本性についての真の法に抵抗してきた者たちの間に、特別で新しい業が始められたのだという確信である。第三の要素は、御国の統治と自己充足的な世界の救済への生の方向づけである。A・E・テイラー教授は、神、恩寵、永遠の命の三つは、すべての発展した宗教の特徴であり、キリスト者の御国についての考え方の三つの特徴とほぼ呼応するという事実に注意を喚起している。しかし、後者は全面的に歴史的性格のもので、出来事と歴史の意味に関心を持つものであることを心に留めるべきである[1]。

プロテスタント宗教改革の特徴は、この三つの要素すべてが、フランシスコ修道会運動においてと同じように、ここでも人間にとって再び非常に現実的になったことである。どの要素が優位であるかは容易には決しがたい。神の絶対主権が優位であるように思われる時もあれば、恩寵が優位であるように思われる時もあり、また希望が優位であるように思われる時もある。ある集団によっては、一つの要素が他に対して優位であることもあるが、どの運動にも三要素すべてがはっきりと見られる。クエーカーと分離派は、明らかに神の主権よりも恩寵を優位に置いているが、ピューリタンは、その逆である。しかし、神の絶対主権を彼らが確信していることを認めなければ、クエーカーと分離派を理解することはできず、また、恩寵の契約に触れずにピューリタンの信仰を説明するならば、それは滑稽な表現にしかならないであろう。そして、すべての者が共通して御国はイエス・キリストと共にこの世において新しい業を始めたと確信しており、その確信が、個人の生の型と彼らが育み、生み出した社会的生の型に大きな意味を与えたのである。

われわれは、アメリカのプロテスタントの確信を、革命についての馴染み深い用語で表現することができる。彼らは、新しい始まりは人間の歴史の中で起こったこと、ローマ・カトリック教会はこの革命の恩恵を失ったこと、宗教改革は革命運動の再開であることを確信した。しかし、これらのプロテスタントが見ていたような、イエス・キリストによってもたらされた偉大な変化の意義は何であろうか？　われわれの時代は、彼らが用いた語彙を理解するのに困難を覚えるが、それは、後世の人々がわれわれの倫理的、経済的、政治的議論を読んで、「価値」、「経済決定論」、「革命」、「自由主義」といった用語の意味を理解しようとする場合にも同じであろう。翻訳家の中には、象徴を理解することができずに、または理解することを好まず、福音と律法、恩寵と罪をめぐるどのような論争にも、いつの世でも理解され得る権力への渇望と高慢という意味以外の意味はないと、性急に結論づける者もある。しかし、われわれがプロテスタントの前提を共有するならば、彼らの概念は理解できないほどには難解ではなく、結果として展開される議論も理解不能ではないことに気づくであろう。われわれは、イエス・キリストの革命以前には、人はいくつかの例外を除けば、恐れと束縛によって秩序の中に置かれたり、自分自身を秩序の中に置かなければならず、希望を持つことができなかったが、ついに「新しい愛情の駆逐力」を体験したり、体験できるようになって自由に生きることが可能になったという確信を共有している。イエス・キリストによって築かれた神との新しい関係は、自由と愛の秩序が統制と恐怖の秩序に取って代わることを意味した。神が成就した約束は、預言者エレミヤの約束だったのである。

見よ、わたしがイスラエルの家、ユダの家と新しい契約を結ぶ日が来る、と主は言われる。この契約は、かつてわたしが彼らの先祖の手を取ってエジプトの地から導き出したときに結んだものではない。わたしが彼らの主人であったにもかかわらず、彼らはこの契約を破った、と主は言われる。しかし、来るべき日に、わたしがイスラエルの家と結ぶ契約はこれである、と主は言われる。すなわち、わたしの律法を彼らの胸の中に授け、彼らの心にそれを記す。わたしは彼らの神となり、彼らはわたしの民となる。そのとき、人々は隣人どうし、兄弟どうし、「主を知れ」と言って教えることはない。彼らはすべて、小さい者も大きい者もわたしを知るからである、と主は言われる。わたしは彼らの悪を赦し、再び彼らの罪に心を留めることはない(2)。

アメリカ初期のプロテスタントが約束について考えたとき、彼らは、敵同士である獅子と子羊が共に寝そべるような戦いのない世界[*1]や、すべての人間がおのおの葡萄と無花果の木のもとで平穏に暮らす豊かさ[*2]をまず第一に考えたわけではない。彼らはむしろ、内面を浄めること、人間の内面の調和を回復すること、メンバーの中の戦いを取り除くことを考えたのである。そして、そこから他のすべての戦いや争いが起こったのである。彼らは、肉の欲、目の欲、生活のおごりに対して勝利することを考えたが、それらが克服されない場合には、主の抑圧と強制と恐怖が必要となる。彼らは、神に関する知識について考えたが、それは神は神であり、人間の完全で唯一の善であるという、心からの完全な確信である。この知識は、善そのもののために善を為すという結果をもたらすほどに完全である。いまや神の絶対主権は、善のみを知って欲する人のために、自由の約束、強制からの解放の約束を成就した。分離派とクエーカーは、特に革命と、恩寵という新しい秩序の現実性に気づいていた。彼らにとっては、すべてのものが新しくなった。彼らの精神は、エホバの崇高な王座の前で震えるものであるよりも、シオンの山に立つ子羊と一四万四千人の者たちとともに歓喜するものである。アメリカが生んだ信仰修養書で、ロジャー・ウィリアムズの『信仰生活を健康に維持するための実験的方法』ほど美しいものは数少ない。彼によれば、この本は大部分、「アメリカの多くの裸のインディアンの中で、まさに彼らの荒野の家で、未開の火のそばで書かれた」[*4]。その目的は、著者の言葉によれば、「真のキリスト者一人一人の魂を勝利と歓喜で満たし」、キリスト教において「もっとも弱い子羊と幼子に平和と喜びについて」語ることである(3)。それは、『信仰の大義を掲げて迫害を説く血塗れの教義』を書いたウィリアムズより、ウィンスロップへの書簡を書いているウィリアムズが語ることに近い。心貧しく、真の善に飢え、渇いている者たち、イエス・キリストによって始められた革命によってそれが与えられたことに気づいた者たち、そうした者たちの内面に書かれた律法に関心を持つ人物が、そこには見られるのである。

クエーカーの革命的な意識は、さらに一層顕著であった。彼らは、神の絶対主権よりも、キリストの国に関心を持っていた。つまり、彼らは、普遍的な法と正義があまねく支配しているという事実より、御国がすでに到来しているか、自分たちの生あるうちに到来して、自由と喜びがもたらされるかもしれないという事実に感銘を受けた。フォックスの偉大なる『神の命のための弁明』は、あらゆる箇所、特に日記に記録された彼の職務についての叙述の中で、この革命的観念を証している。

私は、人々を闇から光へ向かわせるために遣わされた。そこで彼らはイエス・キリストを受け入れるだろう。彼は、その光の中で彼を受け入れることになるすべての者に、神の子どもになる力を与えるであろうと私は考える。なぜならば、私は、キリストを受け入れることによって、すでにその力を得たからである。私は、聖書を広める精神へと人々を方向づけなければならない。彼らは、それによってすべての真理へと導かれる。……私は、神の恩寵と心のうちの真理に彼らを向かわせなければならないのだが、それはイエスによってもたらされたものである。彼の恩寵によって、人は、何が彼らに救いをもたらすかを教えられ、それによって人の心は築かれ、言葉は機知を与えられることを知らされて、すべての者が救いは近いと知るであろう。キリストはすべての人のために死に、すべての者のために神をなだめるものとなり、彼の聖なる救いの光ですべての男女を照らしたことを、私は知っている。そして、このことを信じなければ、誰も真の信徒ではあり得ないのである。(4)

デューズベリーとペニントンは、新しい契約思想をさらに明確に表現している。(5) クエーカーと、彼らの競争相手ではありながらも同志でもある者たちとの間の相違は、クエーカーが生の新しさを信じ、キリストの革命の普遍性を信じる仕方の過激さにある。

ボストンの無律法主義者《アンチノミアン》は、同じタイプの考えを持った初期の代表者である。というのは、彼らもまた、新しく生きること、すなわち愛によって心の中に神の法を確立することは、キリスト者のうちにキリストが生きているというようなものだと考えていたからである。したがって、彼らは、キリスト者の精神的遍歴が道徳的努力の道をた

どるのではなく、むしろ神の赦しの道と、自由と信仰の道をたどると信じていたのである。(6)

分離派との対立を誇張する観点からピューリタニズムが理解されるとき、自由を愛する分離派に対して、［ピューリタンは］律法のみに関心があるかのように扱われ、また、分離派がキリスト者の生に確信を持つのに対して、ピューリタンは神の絶対主権を信じ、保守的なものとして扱われる。しかし、ピューリタンはそのライバルとほとんど同じくらい、キリストにおいてすべてのものは新しくなったと確信していたのである。彼らの思想においては、神の絶対主権という観念は、キリストの国への信仰よりも幾分か優先されたが、完全に優位にあったというわけではない。ニュー・イングランドの律法主義の説明を繰り返し言い聞かせられた後で、年老いたピューリタンの説教を聴いたならば、福音主義の音色がはっきりと聴き取れることに感銘を受けるであろう。(7)自制という消極的な倫理は、確かに、ジョン・コットンによって力強く吹き鳴らされているが、それよりもさらに強い音色――恩寵の確信、すなわち「彼はわれわれの心に律法を書くであろう。彼はわれわれの罪を赦し、われわれの不正をもはや思い出さない。われわれは彼を知るであろう」という約束の成就への信仰――がそこにはあるのである。(8)

トマス・シェパードは、無律法主義者《アンチノミアン》からは「律法の説教者」の中では最良であると見なされていたが、それでもまだ彼は律法主義者と見なされていたのである。しかし、われわれは、彼の『瞑想と霊的体験』をウィリアムズの『信仰生活を健康に維持するための実験的方法』と並ぶものとして位置づける。それはまた、キリストと、魂がキリストと結ぶ関係に関する著作であり、正真正銘の謙虚と、純粋であろうとする愛を証ししている。シェパードは、その『誠実なる回心』において、次のような抒情的な表現でキリストの愛について書いている。

女性について言えば、夫の愛の豊かさが示される時、それは心を彼に決定的に結びつけ、彼女は彼のためにいかなる事も為す。ここでも同じである。そして、木について語るならば、木が萎れ、枯れようとしている場合、とるべき唯一の道は……根に水をやることである。愛は、すべての恵みの根ともいえるものである。キリストを愛せよ。そうすれば、キリストのために為すことに決して倦むことはない。彼を愛せよ。そうすれば、彼はあなたを愛するであろう。主イエスについての包括的な知識と同じくらい愛を燃え立たせるもの、すなわち彼の愛。これが人を愛の［合図を送る］燃える旗竿と成すであろう。それによって人は溶けて、死と同じくらい強力な愛になる。そして、それは、大量の水をもってしても冷ますことはできないであろう。信仰はわれわれの足であり、それによってわれわれはキリストに至る。そして、愛はわれわれの手であり、それによってわれわれはキリストのために働くのである。(9)

インクリース・マザーは、他の多くの説教者が、自分たちが置かれていると考えた状況を次のように述べている。「主に対する畏れを知って、私はそれらの議論によってあなたを説得しようとする。私はそのことについて語ることに何の喜びもないのではあるが。しかし、神の赦しという恵みについて語っているということは、思うに、私は私の本領にあるのである。(10)」

これらの者たちは、実際、主に対する畏れを知っていた。彼らはパウロと同じように、人は単に律法と自由の間で選択をするのではなく、律法と自由と渇望の間で選択をするのであり、自由の道は抑制と無秩序という深い淵の間のきわめて狭い道であることを知っていた。すべてのプロテスタントの間に、根本的な点に関して心からの同意が存在した。神の国は、恐怖による支配ではなく愛による支配であり、律法ではなく自由による支配である。神は、人と神の意志を調和させ、神の律法を人の心に書き込みたいと欲し、それをイエス・キリストによって行ったのである。キリストの真の国の市民となり、見えない教会の民となった者は、自由である。彼は善を為し、義を行い、隣人を愛し、公共の精神を持つ。そして、それは、外なる律法や制裁に強いられたためではなく、自分の心配をすることをやめて善それ自体のために善を愛することができるようになったためなのである。

革命的な党派がすべてそうであるように、プロテスタンティズムのさまざまな集団もこの革命の完成度については意見を異にする。分離派は、完全主義へ向かう傾向があり、キリストの国に入った人間は完全に善で、したがって完全に自由であることができると多かれ少なかれ信じている。より慎重なピューリタンは、次のように主張する。

神が罪人を回心させ恵みの状態に移すとき、罪人を罪の下にある生まれながらの束縛から解放し、彼の恵みによってのみ、霊的な善を自由に欲し行なうことができるようにして下さる。しかしそうであっても、堕落の状態が残っているために、善のみを完全に欲することがないだけでなく、悪を欲しさえする。人間の意志は、栄光の状態においてのみ、完全にまた変わることなく自由にただ善へと向かうことができる。(11)

そのため、キリストの国の市民は引き続き規律を必要とすると、彼らは主張した。結局、分離派も、実質的には彼らと同じように考えて、その集会では、互いを注意深く抑制したのである。さらに、彼らは、革命はすべての者に訪れるわけではないため、社会生活においては世俗政府による抑制が引き続き必要であるということに直ちに気がついた。キリスト教革命の右派と左派は共に、「兄弟たち、あなたがたは、自由を得るために召し出されたのです。ただ、この自由を、肉に罪を犯させる機会とせずに、愛によって互いに仕えなさい。」というよく引用されるパウロのフィリピの信徒[*5]への助言を金言としている。

神の支配のもとで新しい時代がキリストと共に始まったという確信、神の国の圧倒的支配を受け入れ、また、それを心地よいと知った者たちの自由のうちにその意味が見いだされるという確信は、宗教集団を組織しようとする形成的プロテスタンティズムすべてにとって、最も重要な確信である。真の見えない教会は、キリストの国の成員になった者から構成され、見える教会は、見えない教会の純粋さと自由をせいぜい模倣する程度である。教会は、キリストにおいて自由である者の教会であるべきである。フッカーは、次のように述べている。

これが、人々がそのような特権にふさわしくなり、それを得てそれを行使するにふさわしくなるときである。神の手によって特権を得るにふさわしいものとなる。……人は行ったり来たり走り、知恵は増すであろう。彼らは、その望みの強さによって、自分たちの考えの最も困難な実行をより良く行おうとする。また、敬神の神秘を最も真剣な仕方で探究しようとする。そして、自分の獲物に心を捕らわれた探偵のように、彼らは非常に根気強く真理を探究するであろう……そのようにして、隠された宝を掘り起こすように知恵を掘り、誠心誠意、主と主の意志を求めることによって、彼らは主を見いだし、理解するであろう。特権を用いるのにふさわしい者となり、主はその法を彼らの心に書き込み、彼らの内面に根づかせるであろう。[12]

ジョン・コットンは状況をさらに慎重に、次のように描写している。

（これら知識時代における）聖徒は、知の鍵が彼らの心をある程度開いたこと、自分自身の目で敬神の本質を見たこと、彼らの師の教えと導きによって、彼らがその実践に参与することになるものとは別のものを、自分で理解できることに気がついた。それで、彼ら（の多く）はある程度、力の鍵にあずかっているはずであると考え始める[13]。

他の領域でピューリタンが自由を抑制と一致させることを可能にしたのと同じ警告が、ここでは、長老と聖徒の間での権力の分散を望ましいものとする方向に作用した。他方、分離派の間では、より大きな平等と自由が広まったのである。しかし、自由の原理は、双方に浸透した会衆主義的な教会組織の中に認められた。さらに、進んだ形の自由の原理が、自分たちで牧師を選び、契約を考案し、規律を用い、教会員になろうとする者を受け入れたり拒否したりする教会の権利の中に認められた。

この教会民主主義が政治的民主主義の学校になったことは、しばしば述べられることである。さらに強調されるべきなのは、教会民主主義の背後にある生の全体像は、生のあらゆる関係における自由へと確かに向かうものだということである。十七世紀のプロテスタントは、永遠の革命を意識的に始め、それは「栄光の秩序」によって完全な自由がもたらされるまで続くはずのものであった。このプロテスタンティズムの自由主義は、自由を人間の前提や自明の権利とするようなものではない。自由はめざすべき目標なのである。人間は罪に縛られているということが、前提である。なぜか普遍的な善を愛するようになり、それ自体のためだけにそれを愛するようになった人間の自由以外のどのような自由も、持続したり有益であったりすることはないことが、はっきりと確信されている。彼らがあずかっている永遠の革命は、人間を一層大きな自由にふさわしい者にする意図を持つ。この目的は知性を教育するだけでは達成できないと、彼らすべてが同意しており、ピューリタンは習得《ラーニング》を非常に重んじている。人間全体の再生が求められており、力への意志、生きる意志における革命が求められているのである。後世の世俗化された自由主義の観点から見た場合には、彼らの目的が同一であることと同様、彼らの前提が類似していることもしばしば忘れられ、無理矢理異なる哲学として分類されることになっているが、それは、彼ら自身が唱えた哲学ではないのである。

Ⅱ　キリストの支配と信仰復興

キリストの国という観念は、より正統的なプロテスタンティズムが展開していたアメリカの初期には二義的なものであった。しかし、制度化の時代が過ぎた後、エドワーズからフィニーを経て後代に至るアメリカの生全体に影響を及ぼした大覚醒と一連の信仰覚醒運動が起こって、御国への動的な信仰が再び現れた時、その中でキリストの国という観念は支配的な観念となった。大覚醒は、十七世紀のプロテスタンティズムが元の姿のまま現れただけのものではない。それは、確かに以前の運動と連続的ではあるが、新たな問題を抱えた新しい社会に直面して、新しい強調点を持つようになった。大覚醒が起こったのは、個人からなる新しい世界で、そこでは人々はほかでは考えられないほど自分自身の政治的支配者となっている。特にアメリカにおいては、土地を無償または安価で手に入れることによって経済的に自立した人々や家族が、自分自身の政治的支配者となっていた。またこの運動に直面したのは、科学者や哲学者が生み出した諸観念が一般人の生活に浸透したことにより、過去の教義から知的に解放された一般の人々であった。慣習的な道徳が大いに実用性に起源を持っていることに気づいた者や、新しい定住地と散在する自作農場にいて、個人や家族に対する集団による圧力を緩やかにしか受けなくなった者は、かなりの程度慣習的な道徳の制約から自由になったが、この運動が語りかけたのはこうした人々であった。絶対的な個人が、絶対君主と絶対的教会に取って代わったのである。

『クレヴクールの手紙』は、新しい条件のもとでアメリカの植民者の間に育まれた態度について、「ここでは、彼の勤勉さに対する報酬は、仕事の進み具合と同じ歩調で増えていく。彼の労働は、自然の根本原理である自己心に基づいている。これより強い誘因が必要であろうか?」と描いている。また、「内陸の開拓地[*6]」の謹直な農民について、彼は次のように書いている。

> 自由民として、彼らは訴訟好きである。自尊心と強情は、よく訴訟の原因となる。我々の法律と政府の性格も同じかもしれない。……農夫としては、収穫物はすべて自分のものなので、できるだけ多くの収穫をあげようと苦心し、気を遣うであろう。……キリスト教徒としては、宗教は彼らの意見を拘束するものではない。法律は我々の行動を監視するが、我々の思想は神にゆだねられている。勤勉、立派な暮らし、利己心、訴訟好き、地方政治、自由民の誇り、宗教上の無関心、が彼らの特質である[14]。

アメリカにおけるキリスト教運動に異議を申し立てたのは、この時代のアルミニウス派神学や理神論哲学より、むしろこのような実際的個人主義の気質、または「ヤンキー的合理主義」の気質であった。

十七世紀とは状況が異なっていたというだけでなく、その状況に対する宗教の反応もまた、神の絶対主権に関わるというよりむしろ、主としてキリストの国に関わるものであった。かつてクエーカーと分離派が強調していたことが、この時期には優勢になった。もちろん、伝統的な考え方の者たちは、相変わらず力の抑制と制限によって新しい状況に対処したが、再生という観念を第一とした「新しい光《ニュー・ライト》〔*7〕」と「新派《ニュー・スクール》〔*8〕」が、大覚醒から南北戦争に至る時代の形成的宗教運動を代表したのである。

しかし、初期のクエーカーが、キリスト教革命についての彼らの理論を、神の絶対主権への信仰と密接に関連づけていたのとちょうど同じように、福音主義者が、神の支配をキリストの国について彼らが信じていることすべての基礎と考え、再確認していることは注目に値する。この運動の最も偉大な神学者であるジョナサン・エドワーズは、その再生への信仰が、神の絶対主権の実在性についての至高の確信の上に堅固に建てられている人物として、即座に思い浮かべられる人物である。彼の『個人的な物語』ほど、神の国への忠誠を感動的に告白した宗教的著作を見いだすことは難しい。また、彼の著作に満ち溢れているものほど、その原理を明確に表現したものを探し出すのは難しい⒂。彼の思想では、神の主権への信仰は、キリストの国の明白な基盤である。運動の他の指導者たちにとっても、それは少なくとも潜在的にはそうであった。ウェスレーの本質的カルヴァン主義――もし、この信念をカルヴァン主義とするならば――は、近年、セル教授によって描写されている⒃。偉大なメソジストの限界は、ウェスレーが福音のこの前提をしばしば意識しない点にあったのかもしれない。ホウィットフィールドとテネント父子にとって、アーチバルド・アレグザーンダにとって、また後のフィニーにとって、神の主権への信仰は、キリストの国を説くときに彼らが拠って立つ基盤であった⒄。信念強固なバプテスト指導者のアイザック・バッカスも、これらの者たちの基本的確信と同じ確信を持っていた。大覚醒の時代の最も偉大なクエーカーは、間違いなくジョン・ウルマンである。彼は、精神においてはその時代の誰よりもエドワーズに近く、エドワーズと同様に、「不可解な存在」（Incomprehensible Being）に際限なく依存し、その存在の「息によって、生命の炎がすべての動物と賢明な被造物（Sensible creatures）のうちに燃えるのだ」ということを常に意識していた⒅。

信仰復興運動にとって、神の主権が本質的重要性を持つことは明らかになった。しかしそれはただ、説教者が人々に御国に向かって急ぐようにと勧めるときに彼らが何を意味したのかを問うとき、あるいは心優しいウルマンの場合のように、説教者が主の従順を真似るように説得するときに説教者が何を意味したのかをわれわれが問う時だけである。彼らにとってのキリストの国は、明らかに、隣人のために生きることを進んで選ぶ利他主義者の社会ではなく、また自己と社会の修養を推進するために結束した理想主義者の集団でもない。彼らは皆、人間の利他主義と理想主義は当てにならないばかりか、人間の性質上、自己利益を守る戦車（chariot）と結びついて、たやすく力への意志と自己主張の口実にさえなるということに気がついていたのである。彼らは、人間の生の問題は、適切な理想を発見することでも、それによって理想を実現するための意志の力を生むことでもなく、むしろ生きようとする意志に方向を与え直して、人間の生の衝動を恐れと争いと空しさによる抑圧から解放することであると知っていた。[19]彼らは、人間の意志は常に何かに献身しており、普遍的な善に献身しない限り相対的なものに結びつけられているのだということを理解していた。意志は、その最も強い動機がそうであるところのものであると、エドワーズは述べている。[20]「そうした献身すべてにおいて、実質的に何かが崇拝され、それが何であろうが、つまり自分自身であろうが仲間の人間であろうが、世界であろうが、それは神に与えられるべき場を簒奪し、神のために捧げられたものを自由に受け取ることになる。[21]」生は、自由という真空状態の中で始まるのではなく、暗黙のうちの献身のために呼び起こされるのである。それは常に何かに対して忠実なのである。問題なのは、絶対性を主張することによって悪魔的なものになった、はかなく部分的なものや、相対的なものに対する忠誠を、どのようにして永遠で普遍的な真に絶対的なものに向かわせるかということである。神自身の行為のみが、その転換をもたらす力を持つ。したがって、神の主権がキリストの国の入り口に存在するのである。それが門を開くのでなければ、門は閉じたままであり、人が間違った方向へ押すので、それはさらに硬く閉ざされることになる。

第二に、大覚醒の運動家たちによれば、神の主権は、キリストの国にとって根本的なものである。神はかつて歴史の中で行為し、今もまた行為している。そして、神はイエス・キリストにおいて大きな変化をもたらし、人のために自由と愛の王国を開いたからである。そして、第三に、信徒の生の中で繰り返されるその聖なる出来事は、神との和解という性質を持つ。人が、自分自身の意志と生を進めようとする限り、神聖な実在を敵と見なさざるを得ないので神聖な実在との和解が必要になるのである。

このようにして、キリストの国の布告は、神の王権への確信にしっかりと基づいており、それは、共産主義者の革命の原理が唯物史観に基づいたり、癒しの業が解剖学の知識や自然の信頼に足る均一性という確信に基づく堅固さよりもさらに堅固である。

明らかに、リバイバリストが、神の恩寵にすがって入るように人に勧めたキリストの国は、見える教会と同じものであると考えることはできない。それは、何にもまして見えない教会であり、按手礼を受けた者であれ平信徒であれ、説教者は、十二、十三世紀の修道士に似ていた。教会は運動から生まれた。――メソジスト、バプテスト、カンバーランド長老派などはそうした教会である。そして既成の教会――会衆派、長老派、監督派、フレンド派――は強められた。しかし、運動の目的は、制度的な宗教を強めることではなかった。また規律の強化や安息日違反、奢侈、姦淫、飲酒、その他大小の悪徳を禁止する律法を強めることでもなかった。確かに、たとえば議事規則に後押しされて進められたコネチカットにおける改革運動のように、運動のある部分は、その方向をたどることもあり、信仰復興運動が十九世紀後半に実を結んだとき、抑制と法が自由と約束に取って代わったこともあった。しかし、偉大な指導者のもとにあった大運動の真髄は、制度的でなかったのと同様拘束的でもなかったのである。

キリストの国は、第一に、十七世紀にすでに存在していたものとして理解される。それは、悪へ向かう傾向を悔い改めた生における自己規制の支配である。神の子の途切れることのない十字架が、人の不道徳の結果であると同様道徳性の結果でもあるということを理解することによって、人は悪へ向かう傾向に陥った。悔い改めは、どれほど高貴さを装おうとも、力への意志を十字架にかけることを意味した。それは、謙虚さの完成とは言わないまでも、その始まりである。その謙虚さは、美徳として錬磨されるのではなく、知識の結実として生まれる。キリストの国では、誠実さが生を支配する。そのような生は、最愛の自我が心の迷路の中をこそこそと隠れることで、道を外れたり、ごまかしたりしているのだということを理解させられた。また、そのような生は、長所によってではなく赦しによって生きているのだということを知ったために、もはや自分自身や仲間や神から自分を守る必要はなくなったのである。キリストの国は、神が善きことを備えてくださることについての知識を幾分か受け取り、生において知識と献身の度合を熟考する人々が自由であることを意味する。

福音主義的見解を特徴づけ、それを以前のプロテスタンティズムの諸観念から前進させたものは、キリストの支配が何にもまして人の心において知を支配するものであるという主張である。クエーカーは、長い間、真理と「霊の種」は同じものと考えてきた。したがって、キリストの国は、啓発の王国である。この証しを、いまや彼らは再び始めたのである。エドワーズは、感情をかき立てるよりむしろ心を納得させようとした。エドワーズは、堅苦しく論理的な説教に続いて「聴衆から」「宗教的感情」が表されることに純粋に驚いたのである。「回心した影響で、一般に、宗教の偉大なものの実在性と確かさについて並々ならぬ確信がもたらされる。しかし、これは、回心後すぐにというよりもしばらくしてからのほうが大きいこともある」。自分の確信について説明はできない者もいるが、彼らはおそらく、キリスト教の真理の中でも「最も傑出して力強い聖なるものの証しを直観的に見て、即座に感じた」のである。「私は、聖なるものの真理についてのそのような確信の基盤は正しく、合理的であると考える。しかし、それでも、神は、ある者においては他の者においてよりもさらに、彼らの理性を利用する。しばしば人は、（判断できる限りにおいて）、説教壇から聞いた理論によって最初の救いの確信を受けた。そして、しばしば論理的に考えることを通して、自分自身の瞑想に導かれるのである[22]」。

ウェスレーにとっては、信仰の核心は直観的知である。それは、神との合一という神秘的な意味の知ではなく、生と人間の歴史の中で作用する神を個人が認識するという経験的な意味の知である。アーチバルド・アレグザーンダは、信仰復興運動の長老派神学の第一人者であるが、主として啓蒙という観点から、回心、再生、聖別について書いている。

この聖なる作用を経験した者は誰でも、神の真理の新しい見方を経験するのである。魂は、それまでは決して見ることのなかったものを新しい見方によって見ることになる。それは、神の真理の中に、それまでまったく知らなかった美と卓越を見いだした。……必然的に、新しい回心者の特殊な見方には、無数の多様性が……存在する。しかし、それでも彼らはみな、神の真理の新しい見方にあずかっている。そして、遅かれ早かれ、同じ真理があまねく受け入れられることになる。しかし、同じ順序で、同じ程度の明瞭さですべての者に示されるわけではない。私が考えている見方によれば、再生した魂に与えられたこの霊的知識は、救済をもたらす信仰に他ならない。知識と信仰は互いに互いを伴うのである[23]。

フィニーはエドワーズに続いて、次のように述べている。「再生は、真理に正しく影響を受けている意志に他ならない。心を啓蒙し、再生を誘発することに関わる多くの神意が存在する可能性があり、また、しばしば存在する。これらは、方便である。それらは、真理を表す手段であり、方便である。慈愛、裁き、人、手段、そして要するに心の啓発をもたらす者すべてが、それに作用するために用いられる方便なのである」[24]。リバイバリストは、「彼らはみな私を知るであろう」という約束を真剣にとらえる。そして、彼らのキリスト教的真理への関心は、それらが持つ実践的価値ではなく、むしろその真理へ向けられたのである。

しかし、明らかに、キリストの国は、考えるだけで入ることができるわけではない。宗教的啓蒙主義の指導者は、合理主義者であった――理性を論理的かつ真剣に使うことを合理主義と呼ぶならば――が、彼らは、理性が作用するるのはそれがすべての論理的仮定に先立つ前提に基づくときだけであるということに気がついていた。彼らは、同時代の人文主義的合理主義者とは異なっているが、それは、理性を拒絶するからではなく、人文主義の前提を拒否して、キリスト教的啓示という前提を彼ら自身の前提としたからである。しかし、彼らは、合理主義の運動よりも、むしろ経験主義者の運動に属していた。彼らが活用した理性は、その前提を認めただけでなく、多くの経験に働きかけ、また経験の中で作用した。それでは、人はどのような種類の経験に、福音の真理の実証と洞察を期待できるのか。福音を体験することによってのみ、人は福音の真理を確信するのである。確かに、指導者たちは、経験主義のディレンマに陥った。実験を再現するということは、成功できるような条件を整えるということを必然的に意味する。成功という結果を予め信じていなければならないのである。そして、もし実験が失敗した場合には、必ず、正しい手順が厳密に取られなかったのだと言われることになる。さらに、神は宗教体験という領域の中でのみ作用すると考える傾向は、致命的な結末をもたらす。それにもかかわらず、経験的、実験的方法は、書物や説教、信条の中では陳腐な存在としてしか現れなかった思想が、実質的な真理と重要性を持つことを数千の人に知らせた。彼らは、多くの真理の中の一つとして福音の真理を理解したのではなく、深遠な相違を生み出す根本的な真理として、福音の真理を理解した。それは、「救済をもたらす真理」または「救済をもたらす知」となったのである。

神の国において神を直接的に体験することを強調することによって、キリスト教啓蒙主義は、二つの点で、それ以前のプロテスタンティズムの原理を継承し、発展させた。第一に、それ以前のプロテスタンティズムが宗教の領域にその務めを限定したのに対して、キリスト教啓蒙主義は、新しい必要に直面して、アメリカ国内あるいは国外において、自由な個人によって構成される大衆を導くという大きな任務を引き受けた。第二に、それは、外面的権威と内面的権威の問題を論じた、御言葉についての宗教改革の逆説的教理を発展させた。すでに見てきたように、聖書に表された御言葉という客観的基準と聖霊の証しという主観的基準の間の弁証法において、正統派は客観的基準を強調する傾向があり、分離派は主観的基準を強調する傾向がある。しかし、そのどちらも、他方によって表される原理を認めなければならないのである。大覚醒において、二つの原理が結びついた。実際に、大覚醒は、聖書に非常に大きな関心を抱き、また聖書を読むように促すが、その聖書の中では、個人的な真理を体験する必要が述べられているのである。理論的には、ウェスレー、エドワーズおよび彼らの同志は、啓示において神が主導権を持っているとする原理を主張している。またすべての個人的体験を判定する客観的基準の原理について述べているが、同時に、客観的なものは主観的になり、歴史的なものは同時代的なものになるべきであると主張している。後世の哲学の表現を借りるならば、彼らの立場はおおよそ次のようになる。体験を伴わない聖書は空虚であるが、聖書に基づかない体験は無分別である。したがって、彼らは、彼らにとって直接の先駆となった正統派の者たちよりもはるかに自由な仕方で聖書を用いたが、「内なる光」を唱える者たちよりもはるかに忠実に聖書を用い、またそれに伴う問題をはるかに鋭く認識していた[25]。

キリストの支配が神の知の支配であると説明することによって、われわれは、大覚醒と信仰復興運動にとって弱みであると同時に強みでもある要素、すなわち情緒的な要因を説明せずにきた。エドワーズ、ホウィットフィールド、その他のアメリカの「修道士」によって呼び起こされた「宗教的感情」は、少なくとも初期の指導者たちにとっては、予期しなかったものであった。嘆き叫ぶこと、うめき苦しむこと、喜びに叫ぶこと、ひれ伏すこと、もっと生々しいヒステリー現象は、運動が廃れ始めたころに重視されるようになったが、批判者からは、運動の誤りを表す不利な証拠であると見なされ、運動の指導者の中でも思慮深い者たちの関心を引くことはなかった。彼らの先駆者である正統派の者たちは、穏健な理神論者と同じように、あらゆる熱狂を疑うようにと教えていた。この姿勢は、ピューリタン革命の時代の粗野な宗教に対する反感のためだけではない。それは、十八世紀初期の実利主義的民主主義に適するように作られた世界にあって、自己満足的で自己充足的なゆるぎない生と思想を阻害するすべての影響力から、一定の距離を置きたいというブルジョア社会の願望のためでもあった。しかし、イングランドのプロレタリアートとアメリカの西部開拓民という新しい集団は、実用的ないしは知的な合理主義に確信を持った人々が自らを強化してきたその安定した構造にまったく満足していなかった。新しい集団は熱狂主義に反対しているわけでも、新たな確信から隔離されていたわけでもない。それらの確信が彼らをとらえたとき、彼らは心からそれに応答した。陳腐な制度的宗教とブルジョア的合理主義が安住する堅固に守られて囲い込まれたあり方以外の存在の秩序が実在することを理解したとき、彼らは、知的にというよりも情緒的に反応した。その反応は、合理主義者が敬遠していた自然を同時代のロマン主義者が情緒的に理解したのと同じ程度とさえいえる、情緒的反応であった。それは、まったく粗野で騒々しいものである。必然的に生じる行き過ぎと大げさな表現が、生気よりも品位と確立された秩序を好む者を追い払う。信仰復興の指導者は、情緒的反応が誠実さを保証するものではなく、肉体的表現が真の回心の証拠ではないとしても、そのことでそれらが見せかけにすぎないということにはならないと考える心の広さを示したのである。[26]誠実さと真理の確かな基準は、他のどの領域におけるよりも情緒の中に求められるべきである。しかし、何らかの非人格的な基準だけに依拠する真理ではなく、「私にとっての真理」でもある真理は、理解されるためにも表現されるためにも、全人格の営み、知性と意志、精神と肉体の働きを必要とする。それは単に実存的な判断――神学者が後に学んだ言い回しを用いると――に関わる事柄であるだけではなく、価値判断に関わる事柄でもある。神の実在は、それがどのようなものであろうと、一つの価値でもあり、全人格の性癖がそれを志向しているのでなければ、効果あるものとしては理解できない。「われわれが宗教に十分に熱心でなければ、まわれわれの意志と性癖が強力に実践されなければ、われわれは無である」とエドワーズは述べている。「宗教に関わる事柄は非常に重大であるため、われわれの心が生き生きとして力強くなければ、心の働きに、その性質と重要性にふさわしいものが存在することなどあり得ない[27]」。しかし、こうした心の働き、是認と否認の活動、愛と憎悪の活動、つまり情緒と意志に関わる心の働きは、「光の無い熱ではなく、理解についての何らかの知識、精神が受け取る霊的な導き、光または実際の知識から常に生じるものである。……知識は、頑な心をまず最初に開く鍵であり、愛情を大きくし、天の王国へと人を導く道を開くのである[28]」。

福音主義者はこのように、彼らの新しいやり方で、プロテスタント原理を有効なものにし、また明白なものにした。つまり、神と信仰は一体であるということ、概念的であるのみで価値論的ではない神の知は、およそ知といえるようなものではないということを明らかにした。また、異なる象徴を用いるならば、頭の知ではあっても心の知ではない知は、宗教においてあまり重要ではないという原理を明らかにしたものである。同時に、彼らは、信仰であるこの知、または知であるこの信仰が、抽象的世界に生きている学者にとってと同じ容易さで、凡人の手にも入るものであることを理解していた。それは、凡人のほうが神の啓示への抵抗を生む知性による思い上がりもなく、また確立された範疇を守ろうする態度もないからである。つまり凡人のほうが神学的、哲学的精神で抵抗する者よりも一層信仰を手に入れやすいのである。キリストの国は、依然として知による支配である。この王国の成員であるということは、キリストのうちに神の卓越と美を見いだし、彼自身のためだけに心から彼を愛する者であるということである。

そのような知は、行動することを要求する。キリストの国は愛の王国であり、愛は単なる情緒ではない。愛は、行為を促す原動力であり、行為そのものである。[29] 神を愛するとは、彼に服従することである。善を知るとは、善を行うことである。エドワーズは特にそうであったが、他の信仰復興の指導者たちもまた、行為における結実のうちに真の信仰の証しを見いだそうとした点で十七世紀のピューリタンに続くものであり、ピューリタンを越えて進む者である。彼らは、「愛」と言い、ピューリタンは「聖性」と表現した。彼らは先人以上に、世界全体を行為の場であると考えていた。彼らは、召命という観点からよりも、人が同胞と結ぶ職業的関係以外の関係という観点から考えた。しかし、彼らは先人の関心をさらに進めて、それを効果的なやり方で新しい時代の新しい条件に適合させたのである。

彼らは、キリストの国を愛の王国であると説いたが、彼らを継承した者たちがしばしば犯した過ちを為すことはなかった。継承者たちは、隣人を愛することをキリスト教の本質であると考え、神の絶対的主権についての理解や、自然の愛着から聖なる愛着への革命的な変化といったキリスト教的生の他の要素を考慮せずに、その愛を実践することができるかのように考えたのであるが、彼ら自身はそのような過ちを犯すことはなかった。彼らはまた、愛と優しい感情とを混同することもなかった。実践を迫らない感情は、行動を伴わない知のようなものである。後者が忌み嫌われる思索的な知、つまり傍観者の知であるとすれば、前者は、まがい物の愛情であり、自己満足的で、実在の知に基づかない愛である。[30] 実践は、真の愛であるかどうかの基準である。エドワーズによれば、「愛は活動的な原理である。この原理が、この世のものの中で作用していることに、われわれは常に気づかされる。……人の行動が、その人の愛を判断する最も適切な基準であり、証拠であるということを、理性は教える」[31]。隣人に対する行動的な愛が本物であるかどうかは、神に対する愛が本物であるかどうかにかかっている。「私は、自分を愛するように隣人を愛する」と言うことは、人間の力のうちにあるのではない。確かに、世界には非常に慈愛にあふれた利他主義が存在し、そのために、神は心から感謝されるべきである。というのは、その利他主義は、人間の自由意志から発したものなのではなく、自然に生まれたもの、父、母、兄弟の愛情や、共同体への愛着や男女間の愛情から発した利他主義だからである。しかし、このような愛はすべて、偏愛という悪徳に悩まされる。エドワーズによれば、その基礎は、

利己的な原理の中にある。したがって、親が自分の子供に対して感じるのは自然の愛情であり、相対的なものが互いに対して持つ愛である。本能の衝動を取り除くと、自己愛がその主因である。人は自分自身を愛するので、自分のものであったり、自分と緊密な関係を持っていたり、自分に属すると見なしていたり、社会の仕組みによって自分の利益や名誉と結びついていたりする人やものを愛する。……その他にもさまざまな仕方で、自己愛は、自然人の間でしばしば生まれる愛と友情の源となってきた。この世に存在する愛のほとんどが、この原理から生まれ、したがって自然を越えることはない。そして、自然は自己愛を越えることはできないが、人が為すことはすべて、多かれ少なかれここから発するのである。[32]

狭い自己からより広い自己へ、個人から家族、国家、人類、生命へと自己愛は広がるが、その源との結びつきは保たれる。そして、それは包括的であろうとしつつ排他的なものになる、とこれらの者たちは語ったに違いない。どのようにすれば人間の愛は、偏愛と排他性から解放され、排除された実在と争うという当然の成り行きや、搾取から解放されるのだろうか。内因性の価値がしばしば付与される個性への愛とは、第一に自分自身のものである何かに対する忠誠ではないのか。人は常に人にとっての最大の敵対者であるので、それが争いを招くのではないのか。それはまた、非人格的なものへの憎悪と自然の搾取を招くのではないのか。生への愛――それは、第一に自分自身のものであるものへの忠誠に基づいているのではないのか。そして、それは、生の最大の敵である生との闘いと破壊をもたらすのではないのか。それは、純粋に手段的な価値を持つ存在として生きているわけではないものを不適切に利用することを伴ってはいないか。そして、同じようにして国家への愛も、他国との争いの原因となる。愛国心は十分ではない。個人の愛もまた不十分である。生への畏敬も不十分である。そして、人間への愛も十分ではない。そのような愛はすべて、自己というものを非常に大きくとらえてはいるが、自己への愛である。そして、自己愛は悪である。しかし、それは自己というものが悪いものだからではない。神の絶対主権のもとでは、または事の道理から考えて、自己愛は他者の自我を破壊し、また同時に自滅的でもあるからである。

人間の愛のディレンマから脱するには、一つだけ方法がある。人がもし、普遍的なるもの、永遠なるもの、すべての存在の源であり核であるものが、彼らの真の善であるということを理解できたらどうであろうか。もし人がその隣人を、人であり、生であり、精神である限りにおいて愛するのではなく、彼らが神の創造物であり、人間の真の善でもある究極的な存在と結ぶ関係によって神聖であるという理由で愛するとしたらどうであろうか。それはまさに、イエス・キリストにおいて開かれた可能性である。擬人化した言い方をするならば、彼において、宇宙の意図は明らかになった。彼の教え以上に彼の運命に、神は愛であるということが顕されてきた。彼の生と死と復活を通して、被造物すべてを破壊するように思われた「神の敵」を愛することが可能になり、いまや神の敵は被造物の救いを求めていることが示された。

大覚醒の運動家と信仰復興の指導者は、人々を導いてこのような神を再び見ることができ、神の世界を新しい見方で見ることができるところに至った。そこから、すべての存在を秘蹟とする観念が生じた。われわれはそれを博愛主義《ヒューマニタリアニズム》と称するようになったが、それは誤りである。というのは、この観念は人間的存在を越えて広がり、その基礎を人間の善ではなく神の善に置くからである。自然を秘蹟と見なす観念は、「太陽、月、星に、雲と青空に、草と花と木に、水とすべての自然に」見られる神の智慧、純粋さ、愛に対するエドワーズの賛美に表現されている(33)。彼は、すべての被造物を神の完全性が流出したものと見ていた。自然を秘蹟とする観念は、特にウルマンに見られる。彼は、以下のような確信を持っていた。

精神は、内的原理によって、目に見えない、無限の存在としての神を愛する。そして、同じ原理に動かされて、目に見える世界に顕れた神を愛する。彼の息によって、生の炎がすべての動物と生物のうちに燃えているので、見えないものとしての神を愛すると言いながら、同時に彼の生、または彼に由来する生によって動いているどんなに小さな生物を残酷に扱うことも、それ自体、矛盾である。……私は、この目に見える生物に神の業を見いだし、畏敬の念が私を覆った。私の心は優しく、しばしば罪深さを悔いる。そして、仲間の生物への普遍的な愛が、私のうちで増す。このことは、同じ道を歩んできたものたちにも理解されるであろう(34)。

ジョン・ウェスレーは、「普遍的な救い」という説教の中で、生に対して同様の畏敬を表して、創造と堕落と復活への動物の関わりについて考えることで、「主が気にかけてくださっていると知って、卑しい生物に対しても優しい気持ちを持つようになる」と述べている。[35] ホプキンズの普遍的で公平無私の慈善という原理は、抽象的な仕方で同じ考え方を表している。

しかし、キリストの国の福音が主として強調したのは、神における人への愛についてであった。人に対する神の誠意は、キリストの生に最も生き生きと表されており、神の卓越についての人の理解は、人間関係の領域で最も豊かな実を結ぶことができた。善人のみならず悪人も愛されるべきである。魂だけでなく、肉体も慈しまれるべきである。自由民だけでなく奴隷もまた、解放されるべきである。福音は、同国人だけでなく、敵国民にも説かれるべきである。ピューリタンが、生が神聖であるのは善行の結果ではないが、善行のない所には真に神聖なものは存在しないのは明らかであると主張したのと同じように、いまや信仰復興の指導者は、常に、人に対する慈善は神の愛を創り出すことはできないが、神とキリストへの真の忠誠は、人に対する行動的な慈善の中に表れるはずであると説いた。カルヴァン主義のいわゆる逆説が再び彼らの中に表れるが、結局、それはキリスト教の逆説なのであり、新約聖書にも中世のカトリックにも十六世紀のプロテスタンティズムにも表れる逆説である。それは、人の自由を出発点とする者すべてに大いに誤解されている。彼らは、一方で否定されていることが他方で肯定されていると主張し、カルヴァン主義と大覚醒を突き動かした力は、明らかに、天国という報いに対する人の強い望みのためであるか、地獄に対する怖れのためであったと述べている。この説明は、おそらく神学的に誤りである。同じように、心理学的にも誤りであろう。カルヴァン主義がもたらしたダイナミックな結果は、信仰復興がもたらしたものと同様に、双方の底流にある理論の検証であったと言うほうが適切であろう。その理論によれば、人が善を為す力は、生み出される必要はなく、ただ解き放たれるだけでよいのである。それは、自我と偶像にとらわれた状態から解き放たれるべきである。また、忠誠心の分断に人が巻き込まれて起こった力が力を制する争いから解放されるべきである。そして、この世的なものすべての空しさが生を落胆させる挫折から解き放たれるべきである。解放、贖い、希望は、神との和解と神の赦しへの信仰からもたらされる。そのため、キリスト者が善行や、同胞への真の愛が足りないと感じるとき――実際、彼らは常に感じているのであるが――彼らは、訓戒と威嚇と約束によって自分の意志を煽ろうとはしなかった。彼らは、生の源を清めようとした。悔悛と切望の中で、彼らは、礼拝と神のもとでの自省、キリストの十字架の観想に立ち返った。彼らの中には、礼拝を逃避にする心霊主義者や、礼拝をせいぜい方便にすぎないものにしてしまう行動主義者や、審美的または官能的な戦慄を神への愛であると誤解する情緒主義者たちが含まれていた。キリストの支配への新たな目覚めの真髄は、これらの者の中ではなく、愛によって働く信仰のうちに見いだされなければならないのである。

Ⅲ　行為における御国《キングダム》

このような福音に中心を置く信仰復興運動は、無数の活動を生み出したが、そうなるであろうことは、その理論からも確かであった。それはさらに、この運動に直接加わった集団の境界をはるかに越えて影響力を及ぼした。

第一に、キリスト教共同体が、世俗世界や、特に政治に巻き込まれることを避けるという新しい傾向が生まれた。信仰復興の影響を受けることになった者のほとんどが、ジェファソン的民主主義者と同じくらい積極的に、教会と国家の分離へ向かう運動を支持した。もっとも、エドワーズとウェスレーはともに、ピューリタンがそうであったと同様、分離主義を怖れていた。第二に、信仰復興運動は、プロテスタント「修道会」、すなわち福音伝道者から成る新しい集団と慈善団体を形成したが、そうした集団は、神の国への世俗内忠誠ほどには世俗内禁欲を実践しなかった。これらの新しい集団と、この運動に影響されたより古い組織においては、選ばれた教会員資格という原理は継承されるか、少なくとも、教会員の間に蔓延していた実践の弛緩を修正するという効果を持った。誰が真に生まれ変わった者で、誰の中で確信は完璧で真実のものであるかを正確に判定することは、ピューリタンの時代に不可能であったのと同様、この時代にも不可能であった[36]。人は最善を尽くすべきであり、自分自身を基準としないようにするべきである。ホウィットフィールドは次のように述べている。「われわれが法王を愛さないのは、自分自身が法王になりたいからである。そして、われわれは、自分自身の体験を他人の体験の基準にする。……あなたは隣人に、あなたには子どもが授からなかった、なぜならあなたは一晩中産みの苦しみを味わうということがなかったのだから、と言うかもしれない。しかし、問題は、子どもが産まれたかどうかである。それに先立つ痛みがどれほど長く続いたかではなく、それが新しい誕生をもたらしたかどうかであり、あなたの心の中にキリストが形作られたかどうかなのである。誕生こそが、ものごとの実在性を証明するのである[37]」。回心した教会員という原理の適用の仕方にはさまざまな形があり、論争があったが、運動の大筋は絶対主義的ではない。この運動は、完全に純粋なキリスト教組織というものが可能だとは考えていない。それは、見える教会を見えない教会と同じものとは考えないが、見えるものは、見えないものを象徴しようとするべきであると断定している。その結果、新しい集団が組織されただけでなく、古い教会は取り除かれることになった。半途契約《ハーフウェイ・コヴナント》や生得の教会員資格という考え方は、会衆派とクエーカーの多くで再び後退を余儀なくされた。長老派の「新派《ニュー・サイド》」は、聖職者だけでなく教会員にも回心体験を要求した。バプテストは、生得権という原理を拒絶したために、繁栄し始めた。メソジストは、教会員資格を限定し、堅い団結を要求する規律を携えて、アメリカでの歩みを始めた。この運動は、宗教的制度の構築を目的としたのではなく、本当に、非教派的《ノンデノミネーショナル》なものであった。しかし、結果としてもたらされたのは、宗教組織の大規模化と影響力の増大であった。

信仰復興から生じた宣教運動の物語は、しばしば語られてきた(38)。しかし、十九世紀初頭の博愛主義的諸集団が、同じくらい密接に信仰復興と関係していたということは、必ずしも理解されていない。それが特に奴隷制反対運動を育んだことは、ホプキンズ、ウルマン、フィニーやメソジストの例が示すとおりである。彼らの運動を奴隷制反対運動とするのは、誤りかもしれない。というのは、彼らの運動は、奴隷の所有者を非難することへの関心よりも奴隷を解放することや、奴隷に教育を与えて生計を立てさせることにより大きな関心を持っていたからである。このことが、奴隷制廃止を心から支持し、そのために熱心に活動した福音主義のグループが、奴隷制廃止論者に対してあまり共感を持てなかったことの一因である。というのは、後者はしばしば、奴隷自身の利益を推進することよりも奴隷所有者の罪を非難することのほうに、大きな関心を持っているようだったからである(39)。しかし、クエーカーの働きや、ホプキンズとアレグザーンダが支援した［アメリカ］植民協会[*9]の働き、そして奴隷所有者に規律と説教で影響を与えたメソジストとバプテストによる働きのような注目すべき功績にもかかわらず、福音主義者は、この点で最大の敗北を喫したのだということを認めなければならない。個々の奴隷の解放や奴隷貿易の禁止は、ますます多くの奴隷を必要とするようになった綿花王の要求とは相容れなかったのである。結局、信仰復興［運動］の子どもたちは、戦争に行かなければならなかったが、それは実際には、奴隷を解放するためではなく、権力をめぐる地域的、政治的、経済的抗争のためであった。軍神マルスの王国がキリストの国を征服し、マルスは自分の目的のために、キリストが解放することのできなかった奴隷に自由をもたらした。しかし、このような評価は疑わしい。というのは、戦いによって勝ち取られた黒人の自由は真の自由ではなく、法律に書き込まれた平等は、悔い改めていないこの世の王国では、完全なものでも実行できるものでもなかったからである。戦争と再建の後もなお、キリストの国は、傲慢と異人種に対する恐れという足かせから白人を解放するという仕事や、主人による束縛を補強していた絶望と無知から黒人を自由にするという旧来の仕事に向き合っていた。その上、キリストの国は、北部の勝利者によって新たに奴隷とされた者たちを解放するというさらなる問題に直面したのである。彼らはヨーロッパやアメリカ国内からやって来て、工場や都市で膨れ上がった戦士たちなのであるが、雇い主が作った新しい秩序の中で奴隷状態に陥ったのである。

宗教的啓蒙運動は、他の領域では、さらにはっきりした結果を生んだ。十九世紀初頭から一八三〇年代にかけてのアメリカを特徴づけた博愛主義的な慈善事業の大いなる発展が、信仰復興以外の多くのものの影響を受けたことは確かであるが、これらの事業の指導者が、しばしば宗教運動の申し子であるということは意義深い。雨後のタケノコのように全国で芽を出した大学と中等教育機関の多くが、キリスト教徒やキリスト教団体の支援を受けていた。そして、公立学校設立の戦いにおいては、信仰復興運動のグループは、民の側に立って、教育における既得権を守ろうとする制度的教会と闘ったのである。日曜学校運動は、第一に博愛主義的事業であって、制度的教会の助けとなるものではないと受けとめられたので、盛んになった。貧しい人々、盲人、聾唖者、精神障害や精神遅滞の者の世話をする救護院や救護団体が全国に見られるようになったが、その多くが、宗教的啓蒙運動から霊感を得た者たちによって設立された。あらゆる博愛主義的な大義——禁酒、平和、監獄改革、貧困の改善——が、キリストの国の福音によってたきつけられた熱心な人々の活力回復の場となった。[40] 社会にとっての有用性を賞賛することによって、これらの成果をその存在権や自己防衛権の証しとするようなことをしないということが、真の王国の特徴である。これらの成果によって賞賛されるべきなのはキリストであって、キリスト者ではなく、感謝されるべきは神であって、教会ではない。結局、キリスト者は、自分が為したことがどれほど小さく、自分が行った奉仕がどれほど至らないもので、キリストの愛に比べたら自分の愛がどれほどつまらないものであるかを、彼らを批判する者と同じくらい知っていたのである。

博愛主義的な事業に関して言えることは、政治的自由という大義に関しても言える。ある点で、キリストの国の影響のもとに置かれた者たちは、先駆者であるピューリタンたちほどには政治的自由に対して関心を持っていなかったようである。ウェスレーは、政治的にはトーリー党支持であった。ジョナサン・エドワーズは、政治問題に敏感だったとは思えない。彼らやその信奉者が関心を抱いていた自由は、アメリカ独立宣言で規定された自由ではない。とはいえ、運動の使徒たちは一般に、民衆の側に立って、抑制が緩むことを怖れる制度尊重主義者に抵抗した。[41]彼らは、人間の善性を信じる人道主義的デモクラシーの原理も共有しなければ、人は救いがたいほど無知で不道徳であると主張して既存の秩序を守ろうとする超保守主義者の偏見も共有しない。彼らは「共和国の宗教[42]」の擁護者にもならなければ、既存の制度を良しとする静的な信仰を支持することもない。彼らは、自然の自由と人間の善性という教義には欺瞞があることに気がついていたが、人は無知のまま束縛されながら生きるように運命づけられているわけではないと考えていた。彼らは、神が法を人の内面に書き、人をその自由にふさわしい存在と為すという約束を信じ、今その約束を神が果たしていることを知っていた。そのため、彼らは、伝統主義者のように自由を怖れることはない。彼らが自由のために闘うのは恵まれないものと関わることによって党派的になったとき、抑圧的な法による希望のない支配に反対しようとして人道主義的民主主義者の同盟者になったとき、神が創造したものを愛するあまりすべてのものの平等権を追求したりするときだけである。彼らは、彼らなりの攻撃方法に従って、キリスト者の自由の王国を説き、神への愛と神のうちにある人間への愛へと精神と魂を回心させることについて説いた。彼らは究極的で永遠の革命、つまり愛の共同体における人の完全な自由を追求したのである。彼らがそうしたことで、限定的な自由のための戦いは利を得ることになった。イギリスにおいてと同じようにアメリカにおいても、キリスト教啓蒙主義は、デモクラシーのための戦いにおいては合理的啓蒙主義の側に立った。合理的啓蒙主義が一名の兵士を出したところに、キリスト教啓蒙主義は十名の兵士を出した。というのは、合理［的啓蒙］主義者は庶民について書物を書いたが、キリスト教啓蒙主義者は庶民と向き合ったからである。アメリカの「黄金時代」についての最終的な歴史が書かれるとき、その時代が輝かしいのは、自由民の間にキリストの国の支配が存在し、人は肉欲のためにではなく、愛によって互いに奉仕するためにその自由を用いたからであることが明らかになるであろう。その支配の範囲と意味を、野外集会での回心者の数を数えることや、信仰復興に結びつく大衆ヒステリーについての心理学的分析によって測ることはできない。それらが見いだされるのは、非常に具体的な方法以外の手段によって社会的存在の中で伝えられ、効果を発した精神と生の支配、すなわち見えない王国が考慮される場合だけなのである。

非常に簡潔な概観ではあるが、このようなことが、キリストの国の偉大な更新の物語であると思われる。アメリカだけではないが、特にアメリカでは、キリストの国の更新は、春の太陽と雨のように大地にやって来て、生を生き返らせ、豊かな実りを約束する。それを、他から隔離された一章として物語ることはできない。その物語は、神の絶対主権に対する預言者の賞賛と、彼の来るべき王国についての預言者の幻の間に位置づけられる。その物語は、そこに現れる生の鮮明な体験なしには、意味を保ち続けることはできない。しかし、それはここにあり、過去の章はついに現在に到達した。十八、十九世紀のキリスト教信仰復興を無視したり、宗教改革の時代やそれ以前の時代のキリスト教をそのまま現代に再構築しようとすることは、他のキリスト教世界では可能だったかもしれない。ドイツの新《ネオ》プロテスタントとイギリスのイングランド国教会高教会派は、そのように考えた。しかし、エドワーズ、ホウィットフィールド、テネント父子、バッカス、ホプキンズ、アズベリー、アレグザーンダ、ウルマン、フィニーとその同志たちの国であるアメリカでは、そのような試みは不可能であった。国の自意識が目覚めたのと同時に起こった神への覚醒によって、その社会的記憶と制度・習慣に残された印を消し去ることはできないのである。それは、全面的に新しい始まりだったわけではなかった。というのは、そこに表されたキリスト教は、アメリカという国家よりも脆弱なものだったからである。[43] しかし、アメリカにとっては、それは新しい始まりだった。それは、われわれの国の悔い改めだったからである。

［注］

（1）A.E. Taylor, *The Faith of a Moralist* (New York, 1930), II, 1-3. Cf. Benz, *Ecclesia Spiritualis*, p.2.
（2）エレミヤ書三一・三一–三四、新共同訳、日本聖書協会、一九九一年。
（3）*Op. cit.*, pp. iv, viii.
（4）*The Works of George Fox*, I, 90.
（5）Pennington, *Works*, II, 380 f.; Braithwaite, *The Second Period of Quakerism* (London, 1919), p.451.
（6）C.F. Adams, ed., *Antinomianism in the Colony of Massachusetts Bay, 1636-1638, including the Short Story and Other Documents* (Boston, 1894), pp.95 ff.
（7）Cf. John Cotton, *The Covenant of Gods free Grace* (London, 1645), pp.27 ff.; *The Covenant of Grace* (London, 1655),

pp.124 ff.; *Christ the Fountaine of Life* (London, 1651), especially pp.67 ff.; *The Way of Life* (London, 1641), especially the fourth treatise in this volume, "The Life of Faith," pp.255 ff. Cf. also K.E. Murdock, "The Puritans and the New Testament," in Colonial Society of Massachusetts, *Publications*, XXV, 239 ff.

(8) *Exposition of the thirteenth Chapter of the Revelation*, pp.173 f., 106 f., 154.

(9) S.E. Morison, *Builders of the Bay Colony* (Boston, 1930), p.128に引用されたものである。

(10) Murdock, *op. cit.*に引用されている。

(11) Savoy Declaration and Westminster Confession. Cf. Walker, *op. cit.*, pp.377 f.［佐野正子、前掲論文、四五五頁］

(12) *Survey of the Summe of Church Discipline*, preface.

(13) *The Keyes of the Kingdom*, p.2.

(14) Parrington, *op. cit.*, I, 143, 144に引用されている。［クレヴクール『アメリカ農夫の手紙』秋山健・後藤昭次・渡辺利雄訳『クレヴクール』アメリカ古典文庫2、研究社、七六頁、七七頁、一九八二年参照］

(15) Jonathan Edwards, *The Works of President Edwards* (10 vols., New York, 1829), I, 60, 61; cf. V, 501; III, 103 f.; VI, 293 ff.

(16) G.C. Cell, *The Rediscovery of John Wesley* (New York, 1935). Cf. Umphrey Lee, *John Wesley and Modern Religion* (Nashville, 1936), pp.126 ff. ウェスレーが本当はアルミニウス主義者であるのか、カルヴァン主義者であるのかという問題を論じたら、論争は果てしなく続くであろう。それは、彼が完全には論理一貫した神学者でないためだけではなく、アルミニウス主義とカルヴァン主義という用語があいまいであるためでもある。カルヴァン主義が静的で制度化された予定説の信条を意味するならば、ウェスレーは明らかにカルヴァン主義者ではない——ジャン・カルヴァンもまたカルヴァン主義者ではない。静的な信仰は、生きている神への信仰、すなわち人間と世界が彼に無限に依存しているという認識を表すために動的信仰が用いた言葉の意味を変えた。ウェスレーは、静的なカルヴァン主義に強く反発した。しかし、彼は、人が必ず応答しなければならない神の主導権について教え、信じた。彼の宗教は、神中心的であり、十八世紀のアルミニウス主義の宗教よりも十七世紀のイングランドのカルヴァン主義者の宗教に類似している。動的信仰と静的信仰の対象については、以下第五章を見よ。

(17) フィニーは、法律家から福音伝道者となり、制度化された観念が浸透した時代に生きたのであるが、「道徳的統治」

という観点から主権を考えた。彼の定義による神の支配は、生きた、人格的な意志の支配である以上に法による支配である。しかし、彼の著作には、エドワーズの影響が間違いなく見られる。彼の *Lectures on Systematic Theology, embracing Lectures on Moral Government*, etc. (Oberlin, 1846), especially Lectures I-IV を見よ。

(18) *The Journal and Essays of John Woolman*, edited by Amelia Mott Gummere (Rancocas edition, New York, 1922), p.156.

(19) Cf. Edwards, *Works*, VII, 317 f.

(20) *Ibid.*, II, 18 ff.

(21) Jonathan Edwards, *Christian Love as Manifested in Heart and Life* (6th ed., Philadelphia), p.87 ; cf. *Works*, VII, 459 f.

(22) *Works*, IV, 46 f.

(23) Archibald Alexander, *Thoughts on Religious Experience* (3d ed., Philadelphia), pp.84 f.

(24) Finney, *op. cit.*, p.498.

(25) Cf. Umphrey Lee, *op. cit.*, pp.131 f. ; Cell, *op. cit.*, chaps. 3-5. 原罪に関する著作と "The End for which God Created the World" におけるエドワーズの聖書の使い方を参照のこと。

(26) Cf. Edwards, "The Distinguishing Marks of a Work of the Spirit of God," *Works*, III, 559 ff., and "A Treatise Concerning Religious Affections," V, 1 ff.

(27) *Works*, V, 13 ; cf. VI, 185 f., 238 ff.

(28) *Ibid.*, V, 151.

(29) *Ibid.*, V, 10 ff.

(30) Cell, *op. cit.*, p.128 f. Cf. Edwards, *Works*, V, 249 ff.

(31) *Christian Love*, pp.337 f.

(32) *Ibid.*, pp.249 f. ; cf. *Works*, III, 118 ff.

(33) Works, I, 61.

(34) Woolman's *Journal*, p.156 f.

(35) John Wesley, *Sermons on Several Occasions* (New York, 1815), I, 461 ff., 468.

(36) Edwards, *Works*, IV, 296.

(37) From Whitefield's sermon, "The Lord is Our Light," in John Gillies, *Memoirs of George Whitefield* (New Haven, 1834), p.588.

(38) J.O. Choules and Thomas Smith, *The Origin and History of Missions* (4th ed., Boston, 1837), II, 234 ff.; Kenneth Scott Latourette, *A History of Christian Missions in China* (New York, 1932), pp.205 ff.

(39) G.H. Barnes, *The Anti-Slavery Impulse, 1830-1844* (New York, 1933), pp.161 ff.

(40) Emerson Davis, *The Half-Century; or a History of Changes That Have Taken Place and Events That Have Transpired, Chiefly in the United States Between 1800 and 1850* (Boston, 1851); Barnes, *op. cit.*, p.17 ff.; J.T. Adams, *Provincial Society* (New York, 1927), p.284; C.R. Fish, *The Rise of the Common Man* (New York, 1929), pp.179 ff., 256 ff.

(41) Cf. J.T. Adams, *Revolutionary New England* (Boston, 1923), pp.177-78; W.M. Gewehr, *The Great Awakening in Virginia, 1740-1790* (Durham, N.C., 1930), pp.187 ff.; E.R. Taylor, *Methodism and Politics* (Cambridge, 1935).

(42) G. Adolf Koch, *Republican Religion. The American Revolution and the Cult of Reason* (New York, 1933).

(43) Cf. R.W. Chambers, *Thomas More* (New York, 1935), p.390. ［R・W・チェンバーズ『トマス・モアの生涯』門間都喜郎訳、大和書房、一九八二年］

［訳注］

＊1 イザヤ書一一・六―七。

＊2 列王紀上四・二五。

＊3 ヨハネ黙示録一四・一。

＊4 先住民の諸部族の中では、部族の根本法に基づいて部族評議会の議長を務める者を「火の守護者」と称した。「未開の火のそばで」とは「無垢で偏りのない心で」を意味する。

＊5 ガラテアの信徒五・一三の誤りであると思われる。

＊6　大西洋沿岸の植民地と大森林地帯にある新しい居住地域の間にある開拓地。

＊7　大覚醒をめぐってニューイングランド会衆派は分裂したが、「新しい光」はその一方で、J・エドワーズを中心とする一派である。

＊8　大覚醒時代に分裂した中部長老派の信仰復興推進派のこと。

＊9　自由黒人を西アフリカに送り出すために一八一六年に設立された組織。奴隷制廃止と、それに伴う自由黒人に対する白人の恐怖の除去、アフリカの「文明化」を狙ったもので、賛同者の中には、J・マディソン、J・モンローや十四の州議会、牧師、奴隷制反対協会などが名を連ねている。

第四章　来るべき王国《キングダム》

アメリカにおけるキリスト教運動は、絶対主権者である神への忠誠を告白することで始まり、キリストの支配の実在を体験することに至った。キリスト教運動はその体験から、「み国を来らせたまえ。みこころの天になるごとく、地にもなさせたまえ」という祈りに至った。神の絶対主権への信仰、キリストの愛の体験、究極的な救済という三つのしるしは切り離すことができない。神の主権は、預言者とイエスが「悔い改めよ。天の国は近づいた」と宣言したことを根拠とした予見、つまり、来るべき王国の予見において最も明らかに顕れた。なぜならば、人の支配が限界に達し、それらの限界が死または社会の崩壊によってもたらされた終わりの中で明らかになったとき、人は造り主と裁き主と救い主の実在と力を認識するようになるからである。このようにして、来るべき王国についての認識は、神の主権を信じた帰結であるのと同様に、その前提となるものでもある。キリストの支配もまた、すべてのものの終末に顕わされる神の義と愛に、その成就と意味を見いだす。その支配のもとで生きるということは、パウロが述べているように、「霊の初穂をいただいているわたしたちも、神の子とされること、つまり体の贖われることを、心の中でうめきながら待ち望んでいます。わたしたちは、このような希望によって救われているのです」[*1]と言い聞かせることである。キリスト教的生におけるこれらの三つの要素の関係を神学的に説明することは、三位一体論を説明することと同じくらい困難である。しかし、われわれの関心は、抽象的な観念を説明することにではなく、アメリカのキリスト教という限定された領域に表れた物語を描くことにある。そして、神の国への信仰の物語は、それが権限を持って顕れることへの希望に言及せずに語ることはできない。この希望は、神の絶対主権を強調した時代に潜在し、キリストの支配という観念が広まるにつれて顕在化し、十九世紀の信仰の主要な要素として姿を現した。この希望の性質と展開と、それが神の支配や救済といった観念と結ぶ関係は、われわれのさらなる研究のテーマとされなければならない。

Ⅰ　希望の始まり

神の国がこの世に近づいているという切迫感は、プロテスタント・キリスト教の最も早い時期には強いものではなかった。概して、ピューリタンは、未来への希望と現存の神の支配への根源的な信仰を、まだ一致させてはいなかったように思われる。彼らはまだそれを、永遠性についてのギリシア的見方と、神の力による世界の刷新に対するヘブライ的な期待の結合から生まれた信念という正統的な西洋の信念から規定していた。この綜合的な希望の中では、ギリシア的な要素に力点が置かれていた。生の目標は、新しい時であるよりも永遠であり、肉体の復活よりもむしろ精神の不滅であった。時間性と永遠性を分かつ境界線は、魂が通過しなければならない重大局面である死の瞬間に最もはっきりと判別できる。ヘブライ的希望は、最後の審判とすべてのものの復活という教理に見いだすことができるが、キリスト教的関心は、魂が一つ一つ入っていく天国に集中していた。バクスターの『聖徒の永遠の憩い』、バニヤンの『天路歴程』、イギリス国教徒のテイラーの『聖なる生』と『聖なる死』のような著作――このすべてがアメリカで広く活用されている――は、未来とキリスト教的期待に対してのこの緊張を表現している。

この同じ関心が、ロジャー・ウィリアムズやトマス・シェパードの信仰修養書にも浸透しているのである。

永遠なるものに好意を寄せることは、人を形成の業へと導く上で非常に重要である。それは彼らにとっては、現在の恩寵の秩序と栄光の秩序を混同しないということを意味し、予備的で限定的であることが十分理解されている制度によって、自分の世俗的な生を組織することが可能であることを意味した。ウィリアムズと同じように、彼らは、自分たちが指導的役割を演じている政治的、社会的運動を超然として眺めることができたが、それは、「虚栄心と苛立ち」に満ちたこの世に属していない者のような姿勢であった。彼らの市民権は、静穏で平和な別の国のものである。同時に、彼らは、強い責任感を持って世俗的な生を注視しなければならない。というのは、彼らは、永遠なるものが失われることがないように、この世のものごとを処理するべきであると考えたからである。終末に関する個人主義的な見解と個人主義的な希望を、社会的責任の感覚にとって有害であると考えるのは誤りである。これは、プラトン的な考え方には当てはまらない。最終的なものを高度に霊的なものと見なすプラトンの教義は、永遠なるものと人間を媒介するために作られた共和国の投影という考え方と結びついているからである。これはまた、中世の修道士たちにも当てはまらないし、現代のプロテスタントにも当てはまらない。しかし、個人の救済への希望が影響力を持つところでは、社会はむしろ静的なものとして――人の魂の運命に匹敵する偉大な運命を持つ共通の生としてよりも、むしろ制度と法律の問題として――理解されるようである。来るべき王国が全面的に霊的なものと見なされている限り、それは、今ここで働いている主権というプロテスタント的形成の基礎となっている信仰とは異なるものである。絶対主権を持つ神は生の全体を支配するものであるのに対して、来るべき王国は魂だけのためのものとされているからである。

超越的世界に対する個人主義的、霊性的見方がピューリタンの間に広まったが、ヘブライ語の聖書を神の啓示の記録と見なす者が、神の審判と救済を社会的、時間主義的にとらえることは避けられなかった。ヘブライの預言者は、哲学者とは対照的に、人間の支配の相対性と神の王国の実在性は、個人の生よりもむしろ社会的生の危機の中で明かされると考えた。肉体の死ではなく社会を脅かす悲運によって、神の絶対主権が顕される。約束は、魂の不滅にではなく、社会的生の復活と変化への希望に表れる。さらに、預言者的見方での王国は来るべき王国であり、憂き世を越えた向こう側に存在しているようなものではない。人は、王国に向かって急いでいたが、王国はそれ以上に急いで人の方へ向かって来ていた。「いと高き方を差し置いて、心をせかせてはならない。あなたは自分のためにに心をせかせるが、かの優れたお方は多くの人のためを考えておられるのである」[1]と神は語った。来るべき神の国という観念は、別の言葉で言うならば、神の生きた主導権に対する信仰と密接に結びついている。この観念の影響をまったく受けていないピューリタンは一人もなく、ある者たちにとっては、これは中心的重要性を持つようになった。終末と生の目標についての観念が、神の主権についての彼らの根本的信仰と関連づけられるようになるにつれて、それはますます、他界という観念から来るべき王国の観念になっていった。エリオットのように非常にヘブライ的な人物や、彼ほどにはヘブライ的ではなかったフッカーにとっては、時代の政治的変動は、人間の生の危機と、聖なる攻撃と、魂だけのためのものではない救済の機会をこの国にもたらすものであった。

エリオットの『キリスト教共同国家、または興りつつあるイエス・キリストの国の世俗政治』の序文は、彼がピューリタン革命期のイギリスの危機を、来るべき王国という点から理解していたことを示している。「キリストは、王国を築くために来る。キリストの再臨は闇の雲の中で起こるので、」多くの者が、彼の再臨を確信できない。

キリストは、イギリス王室、および他のすべての国家を継ぐ唯一の正当な継承者である。そして、彼はやって来て、彼の王国を手に入れ、イギリスを主イエスの王国の設立という祝福された業の最初の地とする。そして、そのために、彼は泥まみれになった宗教だけでなく、従来の形の世俗政府をも破壊した。この世俗政府は、避けられない必要からしっかりとこの宗教にしがみつき、それと共に倒れた。それが立っている間、それは非常に高くそびえていたので、主イエスの前にかがむことができず、彼の命に服従することができなかったのである。(2)

トマス・フッカーもまた、時代の危機を約束という観点から考えた。キリストは、祭司と預言者の役割を取り戻し、王としての力を揮おうとしていると、彼は信じていた。「預言が成就される時が近づいた。……今がその時である。この世のすべての王国が、主と彼のキリストのものになろうとしている。そして、この目的のために、彼は、これまで貯えつつ沈黙していた彼の偉大な力を揮おうとしている」(3)。待望というこの風潮は、終末はまだ迫っていないという考えによって洗練され、また、「神の忍耐という現在の期間は、彼の民にある程度の余裕を約束する」が、栄光の秩序の完全な自由を認めるものではないという考えによって矯正された。ヒュー・ピーターズとヘンリー・ベイン卿は、母国の大紛争[*2]に参加するためにイギリスに戻って、エリオットのような者たちの黙示録的精神を共有したように思われる。(4)

クエーカーの間では、来るべき神の国についての緊張は、さらにはっきりと表明されている。彼らにとっての神の裁きの象徴は、死であるよりも社会の破滅や衰退であった。フォックスの人生に感銘を与えたリッチフィールド[*3]大聖堂の尖塔は、教会と都市の流血の罪を証ししている。旧来の預言者的な終末観が、彼に「血塗られた町に災いあれ！」と叫ばせ、「血の水路が通りをつたい、市場が血の池になっている」様子を見せた。(5)大きな叫びが、聖職にあるフレンド派にとってどれほど黙示録的であったか。

打ち鳴らせ、打ち鳴らせ、汝ら、信仰深き主の僕よ、そして、神……と最高の預言者、主の天使の名において証しせよ。打ち鳴らせ、汝らこの世にあって異邦人であるもの、死者の目覚めと蘇りに向かって、死者は目覚めて墓から起き上がる。生きている者の声を聞くために。……打ち鳴らせ、喜びの美しい旋律を打ち鳴らせ。響かせよ、汝のトランペット、美しい旋律を外へ向かって響かせよ。すべての耳の聞こえない者の耳が開かれて、裁きと生、非難と光りを知らせるトランペットの喜びの音を聞くであろう(6)。

デューズベリーの「バルバドス、バージニア、ニュー・イングランド、その他の島々など至るところに散らばった……人々」に向けての講演もまた、黙示的である。その講演で彼は、「力強い主の日が来ようとしている、そして、彼の力はあなたがたの中に表れる」と告げている(7)。イングランドと新世界の巡回説教者は、哲学者と修道士が常に死を意識して生きたように、社会秩序の最後の日々に生きた。彼らは、神の国が力を得つつあるのを見たのである。

来るべき王国に対するクエーカーの希望は、キリストの国の体験と密接に結びついている点で、イングランドで第五王国運動によって表された千年王国論や、アメリカでいま少し穏健な形でエリオットによって表された千年王国論のような過激な千年王国論的希望とは区別される。彼らの考え方では、来るべき神の国は神の主権の顕現と人の罪の黙示録でもあったが、それ以上に、愛による支配であった。彼らは、神の正義を行うように召されたと感じた暴力的な革命家がたどった道を進むことはできなかった。なぜなら彼らは、キリストのように従順に、謙虚に裁きを受け入れ、自ら剣を取ることなく至福の生に入った者たちによってのみ、来るべき神の国の約束は実現されると考えたからである。しかし、来るべき神の国とキリストの国の必然的な類似によって、彼らは新たな困難へと導かれた。彼らには、未来の革命を現在に招き入れる傾向があり、また、王国はキリストの霊にとらわれた者のもとにすでにやって来ているのだと主張する傾向がある。そのような者たちにとっては、危機は過ぎ去り、革命は終わったのである。来るべき神の国は、今ここにあるものとなった。したがって、クエーカーは、社会倫理と個人の倫理に関して完全主義である。彼は、いまや神の新しい世界に生きているからである。悪を抑制するという相対的な倫理を正当化していた暫定的な状態は、終わったのである。

しかし、彼は実際には、キリストの国は決して来るべき王国ではないことに気づいた。理論上はともかく事実上は、彼は、暫定的な状態の中で、いまだ救われていない世界に絶えず順応することを求められ、また、自分の完全主義を放棄するように迫られながら生きていた。彼は、警察権力に悪を抑制する力を与えた。彼は、国家の防衛費に賛成票を投じた。もっとも、良心の呵責を和らげるために、火薬を薬粒と呼び、国の軍事的防衛という非キリスト教的な仕事に従事する責務を、クエーカーでない行政官に負わせたのではあるが。妥協が非常に困難になると、彼は、自分のクエーカーとしての信仰と公的責任のどちらかを放棄することになり、キリスト教革命が不完全であることを認めざるを得なくなった。実際、彼は二つの革命の間に生きていたのであり、第二のものを第一のものと同一視しようと努力した結果、神は支配し、その支配はキリストの国で部分的には実現されているが、彼の王国はまだ、人を反逆と恐れと暴力から解放するほどには力も勝利も得ていないことを実感したのである(8)。

植民地時代の終わりに、来るべき王国に対する人々の緊張は緩んだ。神の統治は不在君主の支配になり、キリストの国は宗教制度になっていった。そして、来るべき王国は、裁きとしてとらえられる場合には、慣れ親しんだ非現実的な危機を意味するようになった。また、それは、約束として理解される場合には、人々が神の心優しい息子に推薦されて、寛大な神から入ることを赦される、かなり確実な将来の繁栄と平和や、同じように心地よい天国を意味するようになった。早く場所を予約することが、主たる問題となった。用心深い者は、天国のヴィジョンを見、天使の合唱を聞くための有利な位置を得ようとして十分な時間をかけた。それほど慎重でない暢気者は、聖人が予約をキャンセルする機会を待ち構えたのである。

II　希望の高まり

来るべき王国についての新しい意識が、大覚醒と信仰復興運動の先触れとなった。エドワーズとウェスレーは、かつてのパウロやルターのように、人が成し遂げたことと神が人に求めていることとの間にある隔たりや、人の生の現実と潜在的可能性の間に存在する隔たりの大きさをますます強く感じるようになった。彼らは大きな機会を見いだして、全力を尽くしてそれを実現しようとした。ホーリー・クラブ[*4]時代の真面目なウェスレーたちと同じように、エドワーズは、若々しい情熱と自信から、「可能な限りの、または発揮できる限りの権力と力と気力と熱情、そして、そう、暴力をもって、考えられるあらゆる仕方で、できる限り別の世における幸福を」追求しようと決意した(9)。彼は自分の決意を採用し、再確認し、修正した。彼は、自分自身を律した。彼は、自分の魂が未来の大きな幸福に向かって進むために利用できる手段を見つけ出すことに関して、さらに慎重であったように思われる。どのような中世の修道士もユートピアの追求者も、このプロテスタントの修道士ほどには、常に自分の目の前に目標を掲げ続けて、それに向かって精力的に進もうとはしなかった。他の指導者たちも、同様の一般的パターンに従ったようである。[10]彼らの希望は、彼らと同時代の者たちの希望と似ていた。それは、依然として、天国における生を求める正統的な西洋的期待であった。しかし、彼らは、その待望の強さという点で、他の者たちとは異なっていた。多くの者たちにとっては余分の慰めであったり、この世における成功と喜びへの期待に伴う超自然的な付随物でしかなかったものが、初期の福音主義者にとっては間近に迫った、現実的で重要なものであった。彼らは、生のこのような可能性の不思議さと切迫性を強く感じ、さらに、彼らの現在のあり方を飽き足らないと感じていた。したがって、彼らは、神の国のことを理解するにつれて、神の国の中へと急き立てられていったのである。

彼らの努力は失敗した——というか、失敗した結果として成功で報われた。彼らは、潜在的可能性を現実のものにすることは人にはできないが、人にとって不可能なことが神にとっては可能であり、現実でもあるということを知ったのである。来るべき王国という観念は、神の力が作用しているという確信と結びついた時、活力を得た。ホーリー・クラブの道徳主義が救済の福音に取って代わられたように、自己修養によって来るべき神の国に向かって進もうとするエドワーズのような努力も、神の絶対主権の認識に道を譲った。このような状況のもとで、未来への待望は弱まるどころかむしろ強くなった。いまや来るべき王国は、人が旅をしていく目的地ではなく、彼らに訪れる終末であると考えられるようになった。そして、いまやそれは、もはや単に人が獲得しそこなうかもしれない大きな幸せであるだけでなく、彼らが逃れられないであろう大きな脅威ともなった。新しい旋律は、現代の共産主義が空想的社会主義と関連づけられたのと同じ仕方で、古い旋律と関連づけられたのである。

「地獄の火」の説教はしばしば、エドワーズの教えの中で後世の者たちが思い起こす唯一の部分であるように思われる。この説教は、神の主権の神学という文脈から抜き出されて制度尊重主義の文脈に置かれ、天国の約束と同じように地獄の恐ろしさを使って未熟な者を脅したり、なだめすかしたりして、彼らに因習的な信心と道徳を従順に受け入れさせようとしたものであると見なされる場合には、根底において誤って理解されている。それらの説教は、適切な設定に置かれるならば、エドワーズが生の微妙なバランスについてはっきり意識していたことを表している。人も人類も、分裂、暴虐、犯罪、万人の万人に対する闘いの奈落に飛び込むか、調和と統合へ向かって進むかという完全に不安定な状態に常に置かれているのだということを、エドワーズは強く意識していた。彼は、キルケゴールが水深一万尋[＊5]の大海原で漂うものとして生を描いたときに意味しようとしたことを理解していたのである[11]。

エドワーズによれば、人は、神の忍耐によってのみ不安定なバランスの中でも守られるのである。神の目には、子を産み、渇望し、闘う人間の苛酷な生は、人間が昆虫の存在に対して感じるほどにさえ愛しくは見えないのである。「あなたを地獄の上で支えておられる神は、人が蜘蛛や何か嫌な虫を火の上にかざしているのと同じように、あなたを忌み嫌い、酷く怒っている。彼のあなたに対する怒りは、炎のように燃えている、……神は、あなたを視界におくことには耐えられないほど清い目を持っておられる。……どの瞬間にも、あなたが火に落ちないようにあなたを支えているのは、彼の手なのである[12]」。

預言者が悟っていたことは、エドワーズと彼の同志によって再度、理解された。「主の日を望むあなたに災いあれ。主の日は闇であり、光ではない」。神の主権の黙示として理解された来るべき王国は、神の善性の結実であるだけでなく、決して敗れることのない神の善性に闘いを挑む人間の悪の結実でもあった。大覚醒と信仰復興の運動家たちが、来るべき王国は約束だけでなく危機をも意味するということをどの程度理解していたかは、彼らのいくつかの説教の題名から明らかである。エドワーズが説いたのは「怒りの神の手の中にある罪人」だけでなく、「邪悪な者への未来の罰は避けられず、耐え難い」、「永遠の地獄の苦しみ」、「最後の審判」、「邪悪な者は破壊においてのみ役に立つ」、「極限に至る邪悪な者への怒り」、「義なる者によって予期される邪悪な者の最後」でもあった。これらの題名に、ホウィットフィールドの「地獄の苦しみの永遠性」、ウェスレーの「最後の審判」、「時の徴」、「地獄について」、「時の救済について」と、彼らの信奉者による類似の多くの説教を付け加えることができる。洗礼者ヨハネと共観福音書のイエスにとってと同じように、差し迫った未来の劇的な危機は、アメリカの使徒たちに現代における実際の危機を顕した。確かに、福音主義者が関わっているのは、自分たちは隔離されて安全であると思っている個人である。彼らは、危機とは個人が陥るものであると考え、死を安全への脅威が明らかになる兆しとして用いたが、旧約聖書と新約聖書の預言者は、危機を社会の崩壊の兆しであると考えていた。しかし、個人に語りかけるときには、大覚醒の説教者たちは、預言者がその時代にしたのと同じ誠実さで、自分の時代に向き合った。裁きと、死と、価値のない存在の状態に陥る危険は、すべて人間的なものに属しているからである。

神が治める王国の到来は、人が重んじている多くのものの破壊を意味するのであり、それは、闇へ向かう道から即座に引き返すように要求しているのだという認識は、大覚醒の説教者たちが告げる福音の半分を占めるにすぎない。残りの半分は、良い知らせである。裁きを越えたところには、新しい神の国、至福と平和の王国、統合と調和の王国があり、多くの悪を可能性として秘めていた人の生のうちに、同じように可能性として秘められていた善のすべてが実現される。良い知らせは、闇の向こうに光があることを知らせただけではなかった。この知らせはさらに、キリストにおいて人は恐れと約束の両方を予期する機会、未来を現在にもたらす機会、来るべき王国の前兆、すなわち約束の確証を受け取る機会をすでに与えられているのだということを知らせている。ジョン・ウルマンは、パウロが一世紀にしたのと同じ素晴らしさで、十八世紀が来るべき王国を予期した仕方を描写した。彼は、日記で次のように書いている。

二年半以上前に、胸膜炎で病の床についていた時、私は、死の間際にあって、自分の名前を忘れた。その時、自分が誰であるかを知ろうとして、南と東の間にどんよりと陰鬱な色をしたものの塊を見て、それが、考えられる限りの悲惨なあり方で生きている人間であることを知らされ、自分も彼らと混ぜ合わされて、自分自身を固有の独立した存在とは考えなくなるのだと知らされた。その状態で、私は数時間を過ごした。それから私は優しい旋律のような声を聞いた。それは、私がそれまで耳にしたことのあるどのような声よりも清らかで、調和のとれた声だった。私は、それは天使が他の天使に話しかける声だと思った。ジョン・ウルマンは死んだと言っていた。間もなく私は、自分がかつてジョン・ウルマンだったことを思い出し、まだ身体は生きていると確信していたので、その天の声が何を意味しているのか、とても不思議に思った。

「謎が明かされた」時、彼は「天国では悔い改めた罪人の上に至福があり、ジョン・ウルマンは死んだという言葉は、自分自身の意志の死に他ならないと理解した[13]」。クエーカーや福音主義の説教の影響を受けている者で生命の危機を体験した多くの者の体験は、もちろん、ほとんどがこれほど視覚的であったり、完全であったり、真に迫っていたりするわけではない。どの世代にも、ウルマンやエドワーズのような体験はほとんど見られないのである。それでも、多くの体験が本物であり、それらを通して十八世紀から十九世紀初頭のアメリカのキリスト者は、自我を殺してキリストと共によみがえることによって、来るべき王国を予期したのである。

　これらの体験の実在性と驚くべき範囲の広さによって、大いなる推量と希望が指導者たちにもたらされた。この運動自体が、来るべき王国が力を得たということだったとしたらどうだろうか。大覚醒の影響のもとで、どのようにして千年王国的期待がアメリカで開花したかについては、注目に値する。ホプキンズは、十七世紀の著作家はこの教理についてほとんど何も書いていないが、「今世紀にはより多くの注意がそれに向けられている」と指摘している。[14] エドワーズにとっては、驚くべき回心は、「神の霊のこの業は、並外れた素晴らしいものであり、神の栄光の業の夜明け、または少なくとも序曲である。そして、それは、聖書にたびたび予言されていて、その発展と結末において、多分、人の世界は刷新されるであろう」ということを示している。彼は、「われわれが、なぜ、神の偉大な業の始まりが迫っているという以外には考えられないか」についてさまざまな理由を挙げ、「この業がアメリカにおいて始まるだろうと考えさせる多くのことが存在する[15]」と述べている。彼の目に見えた大覚醒は、

突然訪れた偉大で素晴らしい出来事、奇妙な革命、予期されない驚くべき事物の転覆である。……それは、出来事と成功と終末における救済の業（神の他のすべての業の偉大なる目的、創造の業をその影にすぎないものにしてしまう業）である。それは、新しい創造の業であり、古い創造よりもはるかに栄光あるものである。……この点で、新しいエルサレムは天国から降り始めており、おそらくこの世に与えられる天国の栄光を、この出来事ほど前もって感じさせるものはない。[16]

『贖いの御業の歴史』と『宗教の復興のための驚くべき祈りにおける神の民の明白な同意と目に見える合一を進める慎ましい試み』において、この千年王国的観念が展開されている。未来の革命がどのように予期され、時が短縮されるかは、前者の著述の中に示されている。

神がこの世を創造した目的は、神の子のために王国を用意することであり……それは永遠に残るであろう。

この世にキリストの国が建てられるまで、世界が終わって、事物の永遠の状態がもたらされるまで――この世における大きな変化と革命すべてが永続する決着に至って、すべてのものが究極的な終結に到達するまで……。キリストの国がこの世に建てられるまで、ものごとが締めくくられて永続する状態に定まり、移ろい行くこの世におけるものごとに終止符が打たれるまで、最初の天と地が終わり、新しい天と地、すなわち永遠に続く天と地がそこに建てられるまで。[17]

エドワーズは、このまでが完全性には及ばないと考え、聖書に従って、キリストの支配を受け入れた結果として人口が増え、繁栄した世界における大きな悪の時代を予言した。千年王国を過ごした後に、最後の危機と最終的な革命が起こる。[18]しかし、彼の関心が、人が一人ずつ入っていく永遠の王国からこの世に来るべき王国へと移行していくさまは注目に値する。彼は、未来についての二重の教理を放棄したわけではないが、神の力とキリスト教的革命の実在性を確信するようになるにつれて、王国はこの世に到来するという観念が、彼の中で優位を占めるようになった。神は、人にとって不可能であったことをすでに可能にしていたのである。

千年王国的な傾向が、アメリカのキリスト教において優勢であるということを説明するために、多くの努力がなされてきた。それは、誤って初期のカルヴァン派の特徴とされ、もっともな理由からプロテスタント左派の特徴とされてきた。しかし、大覚醒と信仰復興運動によって、何にもましてそれは、アメリカのキリスト教徒が共有する重要な要素になったように思われる。それらは、遠くにあった可能性を非常に間近なものにした。アメリカの信仰の中で来るべき王国の観念が強まったのは、国外から入ってきたもの、つまり合理主義や政治的理想主義のためではない。それは、神の絶対主権を確信することから始まり、キリストの国の実現へ向かい、さらに人の永遠の希望の実現に至るキリスト教運動から生まれたのである。

このような展開は、エドワーズだけに現れたわけではない。サミュエル・ホプキンズは、いま一人の千年王国論者である。チャニングは、彼について次のように言っている。「千年王国は、彼が選んだ基盤である。何にもまして彼をとらえた思想があるとしたら、私はこれがそれであると考える。千年王国は、彼にとっては信念以上のものであった。それは、見えるもののような鮮明さを持っていた。彼は、そこになじんでいた。……庶民にとっては彼は難しい、冷たい神学者で、論争の刺にすがって生きている人物のように見えたが、彼は、想像の世界に生き、この世を天国のようなものにする神聖さと幸福というヴィジョンによって生きていたのである」[19]。彼の千年王国論は、エドワーズの千年王国論と同じように、神の主権への信仰と恩寵の秩序の体験に基づいていた。覚醒の業、再生の業、神と人の和解の業を超自然的なものと見なしている以外は、二人とも、来るべき王国を超自然的な外観を持つものであるとは考えていなかった。彼らは、字義主義者のように数学的計算や天文学的考察に従事することはなかった。千年王国とは、キリストによる支配のことであった。そして、キリストによる支配とは、神への愛の支配であり、結果として人への愛の支配である。そして、愛は「内面の浄化」を通してやってくる。「新しい天と新しい地によって意味されているのは、救済の業、またはキリストによって救われた教会である。……キリストが人の姿をとってこの世に現れ、裁きの日まで千年間、目に見える人格としてここで生きると考えること」は、聖書と相容れず、理性とも相容れないとホプキンズは書いている[20]。

キリストによる支配の道具は霊的なものであるが、その領域はこの世である。エドワーズとホプキンズは、霊が結ぶ果実は純粋に霊的なもので目には見えないものであるなどと、人々に語るつもりはなかった。彼らは、キリストの支配は、社会的な領域でも個人的な領域でも目に見えると主張した。この世における天の王国の時代は、特に宗教の教理においては、「偉大な光と知識の時代」であり、「偉大な聖性の時代である。……宗教は、どのような点からも、この世において最も重要な地位を占めるであろう」と、エドワーズは述べている。しかし、それはまた、「普遍的な平和と、この世の国々相互の良き理解」の時代でもある。「……それは、キリストの教会におけるすぐれた秩序の時代であり、」美しく、栄光あるものであるに違いない。そして、それは、「最大のこの世的繁栄の時代でもあり」、歓喜の時代でもある。なぜならば、「われわれが描いてきたような霊的状態は、自然に健康と長寿をもたらす傾向を持ち、……心の安寧、平静、快活さ、陽気さを持たせ、富と多くの子どもをもたらす傾向を持つ」からである。これに彼は、「この世的な繁栄はまた、天からの驚くべき祝福によって促進される」と付け加えている。(21)

ホプキンズは、心にキリストが到来する結果としての千年王国は、卓越した神聖性の時代であるか、神と人への公平無私の愛の時代となるであろうと予言している。彼はまた、宗教的知識を増すように力説しているが、人は「十分な余暇を得て、自分自身と社会の役に立つあらゆる種類の学識を追求し、獲得することになるだろう。……すべての学芸、あらゆる実学において、大きな進歩があり、それが人の霊的で永遠の善を増し、この世の生における便宜と安楽を増すことになる」と付け加えている。さらに、それは普遍的な平和と愛、包括的で心からの友情の時代となるであろう。宗教の一致が、政治上の平和を伴う。それは、精神的な理由からだけでなく物質的な理由からも「享楽と幸福と普遍的喜び」の時代である。神の摂理によって自然の災難からは守られることになる。人を貧困にする戦いはなくなるであろう。放縦と不節制は放棄されるであろう。「農業の方法が多いに進歩し、人はこれまでにないほど巧みで容易な仕方で大地を耕し、肥やす技術を持つようになるであろう」。「機械技術において改良が進み、それによって大地は開墾され、耕作されるようになる。そして、道具類、衣服、建物などの生活に必要であったり便利であったりするものすべてが、現在そうである以上に巧みな仕方で、より少ない労力で作られるであろう」。

最後に、「慈善と熱烈な博愛のために……すべての世俗のものは、多いに最も良い仕方で共有のものになり、欲しがる者がそれを得られないということがなくなるであろう」[22]。

ウェスレーは、イギリス人でありながら、アメリカにおいて最も影響力のあったメソジストであるが、この千年王国論のさらなる例証をわれわれに提示している。彼もまた、未来を短縮法で描いて、大革命を現在に運んできたが、その仕方は、ニュー・イングランド人が見せた以上に慎重であった。彼は、次のように述べている。

> 私は、神がこれほど栄光ある業を為して、それを数年のうちに衰えさせて消してしまうと考える気にはなれない。私は、これは、さらに偉大な業の始まり、「終末の日の栄光の夜明け」にすぎないと信じている。……終末の前には、富める者でさえ神の国に入るであろう。彼らと共に、偉大な者、高貴な者、尊敬されている者も入る。その上、この世の支配者、君主、王も入る。最後に、賢者、学者、天才、哲学者は、自分が愚かであることを知るであろう。「回心して幼な子のように」なり、「神の国に入る」であろう。……偏見のない者なら誰でも、自分の目で、［神は］すでにこの世の外観を刷新しつつあることを見るであろう。そして、われわれには、神が、始めた業を彼が主イエスの日まで続けるであろうと期待する強い理由があるのである[23]。

彼は、一八三六年に千年王国が始まったとするベンゲルの考えを支持しないことを説明する際にも、独特な説を唱えている。「私は、これらのどれについても判断を下さない。それらは私には、重大すぎるからである。謙虚な愛の谷間を這い上がりたいと思うだけである」[24]。ウェスレーはあらゆる面で慎重であったが、それでも彼は、偉大なもの——栄光の日の夜明け——を期待していた。

クエーカーは、すでに論じてきたように、始めから来るべき革命を待望し、キリストの霊的再臨の形でそれを現在にもたらした。大覚醒と信仰復興の時代の彼らの千年王国論は、エドワーズやホプキンズのものよりも幾分か熱狂性に欠けている。おそらく、彼らのほうが長い経験を持ったために、彼らはより慎重になることを学んだのである。ウルマンが待ち望んだ革命は、人の魂に起こる個人的な出来事であった。しかし、彼が期待した結果は社会的なもの――奴隷の解放、経済的欲求の軽減、その維持のために貧困を要請するような富を減少させることを通しての貧困の除去、戦争の停止、人々の間での調和の確立――であった。[25]

来るべき王国に対する福音主義的期待の展開を要約するならば、それは、神の主権についての観念と、この主権が罪人を巻き込む危機についての観念にしっかり基づいているということができる。そして、その第二の基盤は、キリストの国という観念で、それがなければ来るべき王国は光ではなく闇である。大覚醒と信仰復興運動は、来るべき王国を現代にもたらし、いまや霊の大変革に向き合うことが可能になり、必要でもあると主張する傾向を持つ。それで、この福音の成功が明らかになるにつれて、期待の大きな波が人々に訪れた。この世における神の国は非常に間近に迫っているが、それは完璧を追求する道徳的努力の結果ではなく、和解の福音の力がもたらした結果である。それは、多くの者の回心という奇跡を通して、また最初に王国とその正義を求めた者に他のすべてのものが加えられるという約束の確認を通して、近づいてくる。[26] キリスト教革命は、明らかに起こりつつあった。新しい一日の夜明けである。言葉の一つの意味においては、この来るべき王国の福音は、人それぞれの中で始まったが、社会的効果を念頭に置くものであるため、はっきりと社会的なものになった。それは、個人の革命の結実は現れる必要があり、その革命が本物であるならば、公的な生全体、つまり科学、芸術、農業、工業、教会、国家に現れるものであると主張する。指導者の間には、多くの小さな問題に関しては多様な見解があるが、主要な二つの点については、基本的な一致がある。第一に、彼らは、約束は危機から切り離すことはできないということ、自我の喪失と死という闇を通らずに神の国に入る道はないということを知っていた。第二に、彼らは、可能である限り現在において未来の危機と向き合い、裁きと約束を必ず伴う神の国に向かって進む必要があると考えていたのである。[27]

第三の合意点があるが、この点への同意については誰も語っていない。来るべき王国に入る道は、キリストの国を通ると、彼らは皆信じていた。教会は、人を危機と約束に備えさせる役割を担うが、それは、特定の政治活動を行うように人々を説得するということであるよりは、むしろ悔い改めと信仰の福音を告げ知らせるということである。[28] 福音主義運動を理解しようとする現代の多くの人間にとっては、指導者たちが政治にほとんど関心を示していないことは、常に驚嘆の源である。エドワーズは、すでに見てきたように、この問題については何も言っていない。ウェスレーと彼の信奉者たちは、メソジストの説教壇では決して政治が論じられることがないことを誇りとしている。ホプキンズはアメリカの独立を感謝をもって受けとめてはいるものの、その精神が向けられたのは、アメリカの独立ではなく、むしろ奴隷制の罪を悔い改め、力の及ぶ限りその犠牲者に償いをするのでなければ、闘いの惨禍や成果からの救済を植民地が期待することはできないという事実であった。[29] 後代のフィニーは、奴隷制反対運動を鼓舞した主要人物の一人であったが、彼は回顧録では南北戦争にまったく触れていない。これらの驚くべき沈黙は、特に後の二つの事例が示すように、無関心のためではなく、これらの者たちが、独立革命と南北戦争を、未来の問題を解決することのない世俗的な抗争と見なしていたという事実のためである。彼らの継承者はともかく、彼らは、そのような抗争は勢力均衡の問題以外の問題を解決するとは言わなかった。しかし、そうしたことに対する相対的な無関心によって、彼らは、キリスト教革命以外の手段による真の平和への進歩を信じることはできないということを示したのである。同時に、福音への彼らの確信は非常に大きかったので、彼らはそれを世俗的な党派の二輪戦車につなごうという気にはならなかった。彼らは、再び、祖国が政治的独立を維持したり強力になったりするかどうかにはあまり関心を持たず、民の不義を嘆き、内面的不正義の城壁を襲撃して死んだ、あの旧約聖書の神の国に忠誠を誓った者たちの精神を再び表したのである。

Ⅲ 「黄金の日」

王国がこの世に到来することへの期待は、クエーカーによってもたらされ、大覚醒運動によって鮮明になった。それは、続いて信仰復興運動によって育まれ、アメリカのキリスト教の支配的観念になった。十七世紀が神の主権の世紀で、十八世紀がキリストの国の時代だとすると、十九世紀は来るべき王国の時代と呼ぶことができる。独立革命から世界大戦に至る時代に、生のあらゆる領域に大きな期待が広まったのは、キリスト教運動の体験以外の多くの要因のためであるが、キリスト教運動の体験もその重要な源の一つであることは確かである[30]。少なくともアメリカのキリスト教徒の間では、十九世紀の楽観主義は、予期されるキリスト教革命の体験と密接に結びついているのである。

来るべき王国という希望は、この時期、多くの誇張と曲解にさらされた。それは、神の主権と恩寵の体験に対する信仰という文脈から切り離されて世俗化されたり、人間の主権と当然の自由という観念に結びつけられたりした。それは、国家的な性格を与えられて、国家の優越性や明白な運命といった感情を支えるために利用された。それは、産業主義や資本主義の進歩と混同された。それは、ミラー説信奉者によって悲劇的にも字義どおりに理解された[31]。それは、イギリスの危機の時代のように、戦争と暴力を正当化するために利用された。しかし、このような変則的な形の希望でさえ、アメリカのキリスト教徒の精神に対してそれが持った力を示している。さらにますます大きな範囲で、彼らは、天の至福を期待することから離れてこの世の生の急激な変化を希望するようになったが、この二つの期待が相互に相容れないものであるとされて、前者が捨て去られるようなことはなかったのである。

いわゆる「社会的福音」の解説者の多くが、キリスト教徒はすべての期待を天国の都市に向けていたので、一九〇七年以前または一八九〇年以前には、この世の王国への希望は実際には存在しなかったと見なしている。エドワーズとホプキンズだけでなく、多くの彼らの信奉者が、その後数十年、この概念の正しさを論じる証人として現れた。われわれは、後の証しとして第一にニュー・イングランドに注目するべきではない。なぜならば、そこでのキリスト教運動は、精力的な活動の時代の後にしばしば訪れる制度化の時期に入っていたからである。この世が移ろいやすいものであることを強調して、聞き手の心を超越的な不滅の栄光に向かわせた時、ナサニエル・W・テイラーは、当時の一般的な見方を代弁していた[32]。神の国よりむしろ神を見ることが、人々を惹きつけたのである。しかし、ライマン・ビーチャーは、会衆派の間に幾分かの千年王国的精神が存在する証拠を示している。布教的な説教からの次の抜粋は、この点についての彼の多くの言説の中でも典型的なものである。「神の精神と勧告が人の改善のために為そうとしたことは、強い無限の慈愛をもって、的確な智慧に導かれ、全能の力の刺激を受けて、いまや成就に向かって急いでいる。……境界線が引かれ、全能の神の偉大な日の闘いに対する備えが素早く整えられつつある[33]」。しかし、同じように典型的なのは、彼のその次の懇請が天国の希望へのものであるという事実である。

当時のニュー・イングランドにおける力強い運動は、それをキリスト教運動の主流から切り離す人文主義へ向かった。その中では、王国への希望は、主権や救済の観念から切り離された。しかし、ウィリアム・エラリー・チャニングについては、これは全面的に当てはまるわけではなく、彼は、正しくも福音主義運動の継承者の一人に数えられていた。彼は、自分で意識していた以上に大覚醒の運動家に多くを負うており、彼の人間中心主義と神への私心のない愛は、多くの面で神中心的なホプキンズのそれに類似していた。[34] 彼は、「進歩的な秩序と美の宇宙に存在している特権」[35]を得意がり、道徳的な自己修養から、社会関係における愛と正義の実現へと関心を移しさえした。彼の究極的な希望は、確かに、第一に霊的で個人主義的なものであり続けた。[36] しかし、彼は、キリストの精神の勝利の中に、彼の王国のこの世への到来を見たのである。

キリスト者の内なる目と耳は神に触れられているので、他の者は誰一人気づかない時に、キリストの到来を見分け、彼の戦車の音とトランペットの音色を聞く。彼は、この世のより高い真理の夜明けの中に、成就された後の教会の新しい熱望の中に、偏見と誤りの衰弱の中に、キリスト教的愛のより鮮明な表現の中に、人間性と自由と宗教という大義のためにキリスト者をさらに啓蒙し聖別するものの中に、救い主の到来を見分ける。キリストは、世界の回心、再生、解放の中に顕れるのである。[37]

具体的には、キリストの精神は、戦争と奴隷制度の廃止、博愛の実践、人の尊厳と価値に基づくすべての生の統治を要求する。

チャニングの例が示すように、来るべき王国の希望は、信仰復興運動との関係で芽生えて開花した福音主義的、人道主義的事業と密接に結びついている。そうしたものに参加したり、関わり続けたりした者の多くにとっては、これらは王国の到来を証しするものであると同時に、王国の到来を早める手段でもあった。伝道運動は、それを説明する者の中で最も控えめな者にとってさえ、神が大革命を用意しているしるしであると思われた。[38] マーク・ホプキンズが一八五〇年に、半世紀にわたる改革運動と社会の進歩を振返った時、彼はその中に、神の計画の成就――キリスト教による世界の征服、すなわち社会の完成を伴う勝利――を見た。一八〇〇年以前には、キリスト教は「その領域が及ぶ範囲と性質を知らなかったために、それが為すべき事から実質的に後退していた」と彼は書いた。しかし、新しい世紀の初めに、「キリストの命令は、当時の発見によって理解されて、教会の中心において作用を始めた」。そして、キリスト教は唯一の媒介ではないとはいえ根本的な力として、また、すべての改革の川が流れ込む終着点の大海として、新しい可能性を人々の前に切り開き、今まで理解されてきたものよりも高貴な目標を示そうとしている[39]。

長老派の間では、一方では信仰復興運動の影響が、他方ではトマス・チャーマーズの影響が、超絶性へ向かう保守的な傾向を緩和し、天の王国がこの世に接近しているという期待を鼓舞した[40]。

信仰復興運動に最も直接的に影響された集団において、千年王国的希望は最も強い。アレグザーンダ・キャンベルは、自分の雑誌を『千年王国の先触れ』と名づけ、その第一号で「この仕事は、千年王国と呼ばれる社会の政治的、宗教的秩序を発展させ、先導することを目的とするもので、結果として、キリスト教の聖書で提唱されている社会の究極的改良が成就されることになるだろう」と述べている。この高い目標を追求する中で培われるはずの手段として、彼は、教派《セクト》主義の破壊だけでなく、合理的で社会的な幸福に備えるための公教育の拡張、政治的規制に残っている不公正の除去、アフリカ人奴隷の解放も含めている。「福音主義的原理があまねく世界に広まり、勝利をおさめることによって生まれた最大限の社会的で洗練された幸福」に限界を設けることはできないと、彼は考えていた[41]。さらに、キャンベル派の運動の気質は回状に表されている。回状では、「十九世紀のキリスト者は、神の摂理によって崇高な高みに置かれているので、そこから輝かしい預言が成就されるのを目にし、千年王国に至る一連の出来事のほぼ全体を振り返ることができる」と伝えられている[42]。後の社会的福音の二つの関心が、これらの見解に明らかに見られる。一方では、世俗社会の秩序の中で幸福を達成することに関心が向けられており、他方では、活動的な、または「筋肉的な」キリスト教が求められているのである。「実際的な人間は、いつも最も有用である。したがって、実際的な原理は、最も精巧で洗練された思索よりも、人間にとって有益であった」とキャンベルは述べている。

フィニーは、来るべき王国への希望をはっきりと説き、それと回心体験との関係をよく説明している。このエドワーズとホプキンズの継承者においては、神の主権に対する信仰は道徳的統治という意味で表現されるようになり、剥奪の認識と共に、キリスト教の中心的体験である再生、すなわち「生の究極的な意図、目的、目標の急激な変化」、自我を目的とすることから「神と彼の王国の利」への転換の体験に根拠を提供した[43]。このような変化は、公平無私の慈善をもたらし、そうした慈善によって証明されるはずである。フィニーは、プロテスタント的、福音主義的熱情から、再度、「いま」を力説した。今こそ、救いの確証を得る時である。偉大な革命は、今、予期される。聖別についての彼の見解に対する攻撃のすべてが、この点に集中している。彼の先駆者と同じように、彼は、人が神の意志と和解する限り神の王国は到来し、回心して自我から神と神の利益へと向かう限り、彼らは現実の社会生活に正義という果実を産むと信じている。「彼らが存在の最上の善に最高の価値を置くとき、彼らは、その目的を推し進めるあらゆるものに、深い関心を抱くことになり、また抱かなければならない。そのため、彼らの精神は、必然的に改革者の精神である。世界の普遍的な改革のために、彼らは、献身する。……この目的のために、彼らは生き、自分の本質を得る。……彼らは、人に善を約束するものなら何でもつかむ傾向がある」。改革を推進するのは、「彼らの務めであり、職業であり、生」である。「平和という大義、奴隷制反対の大義、放蕩の打倒という大義は、真に慈善の精神の真髄の近くに存在する」。はじめから、聖人の務めは、神の啓示としての福音を伝え、「見える神の王国をこの世に」組織し、普遍的な改革の基礎を築くことであった[44]。フィニーの強調点は、来るべき王国よりもキリストの国に置かれていたが、彼は二つの間に緊密な関係を見ており、彼の仕事はどこにおいても、社会生活の改革のための努力につながった。

彼の影響を受けて、また他の理由からも、神の国派の関心は、十九世紀後半には奴隷制反対運動に向けられた。この運動にどれほどの千年王国的精神が存在していたのかは、フィニーの弟子であり奴隷制反対の指導者でもあったセオドア・ウェルドの活動に明らかである。「この自由と光と千年王国的栄光の復活の国では」、奴隷制の日々は数えられるほど残り少なくなったと、彼は確信した。ほんの小さな運動の成功でさえ、彼を歓喜させた。「これらが最初の果実だとしたら、収穫はどのようなものになるのだろうか。……一握りのものの寄せ集めがこれほど大きな喝采を呼び起こすならば、夜明けの星が一斉に輝き出した時、どんな歌が歌われるだろうか……現在森として立ち、レバノンのように波打ち、収穫の主の前に来て、彼の穀倉に集められる力強い成長全体のように[45]」。一八六五年にエドワード・ビーチャーは「神が奴隷制度を死に追いやるほど打ちのめしたということは、われわれの社会体制全体を救済し聖別する道を開いたということだ」と叫んだが、ウェルドにも同じ精神がはっきりと見られる[46]。

ウェルドは、信仰復興運動、道徳改革、禁酒運動、婦人参政権運動、奴隷制反対運動を一つのものの各部分であると考えている。「デラヴァン[＊6]に禁酒運動を推進させよう。マクダウエル[＊7]に道徳改革を、フィニーに信仰復興を、タッパン[＊8]に奴隷制反対運動を推進させよう。彼らはそれぞれ、自分たち固有の分野を自分たちの主要な務めとし、他の目的は副次的に、できる範囲で推進しようと考えていたのである。しかし、フィニーは副次的にさえ、当時の切迫した危機が要請したほどには十分な関心を奴隷制反対に向けなかった点で間違っていたと、私は確信している[47]」。

フィニーは、幾分か異なる見方でそれを見ている。これらの運動は関連し合っているが、たとえそれらのすべてが失敗に終わるわけではないとしても、その中では信仰復興運動が優位にあるべきである。彼から見れば、H・B・スタントンのような奴隷制廃止論者は、奴隷監督者の精神と言葉を示していた。そして、悔い改めと信仰以外の方法でこの世に王国を立てようとする道徳主義が、教会と世俗、教会の指導者と国家の指導者を、「国中に血の波をうねらせることになる、一つの共通のいまいましい口論」へと追いやるのを、彼ははっきりと見た。奴隷制廃止を宗教の復興に付随するものととらえるのでなければ、国も、奴隷の自由と魂も救われないと、彼は述べている。[48]フィニーは、古い原理を代表し、王国がこの世に到来するという希望は、キリストの国の体験に基づくと考えた。ウェルドは、部分的には彼に同意するが、タッパンや他の多くの改革者は、フィニーは闘うことよりも生まれ変わることによって奴隷制を廃止しようとしているという理由で、彼を臆病だと見なした。

来るべき王国を奴隷制反対運動との関連でとらえる場合、注目を要する点がいま一つある。この運動によって発展させられたエネルギーのかなりの部分が、来るべき神の国は約束であると同時に裁きでもあるという認識から生じているという点である。楽観主義者の精神においては、奴隷制廃止は、この世の神の国という約束の実現に向かって取られるべき次の一歩であった。しかし、信仰復興の指導者の精神においては、それは悔い改めの一歩であり、来るべき怒りへの備えであった。古代の預言者と同じように、サミュエル・ホプキンズは、一七七六年に、議会に対して自由の権利を主張しながら、それを奴隷には与えようとしない国の上に天国の怒りが落ちるであろうと警告した。[49]奴隷制反対運動に対するフィニーの影響の基調は、今すぐの悔い改め、万物を今すぐ更新するべきだという教えである。来るべき怒りについてのウェルドのヴィジョンは、彼の千年王国の希望以上に鮮明である。彼は、ニューヨークの大火事は天使の到来を告げ知らせるために送られた先触れであると考えたのである。

大地は血塗られた。……貧しいものは叫び、耳はまったく聞こうとせず、心は冷酷になった。そして、貪欲が最後の施しをつかみ、渇望は戦利品で突き刺され、偏見は神の姿を嫌悪で一蹴し、熱情が無力なものを襲い、困窮したものを門で踏みにじった。そして、不正が恐ろしい譴責に見舞われたとき、それは自尊心で膨らみ、怒りで歯軋りをし、貧しい者を罵り、神を冒涜した――悔い改めを嘲笑し、力の及ぶ限り怒りを無視する。……悔い改め――即座の、深遠で、公で、海外に向かって宣言された、われわれの不名誉と破滅的な罪と同じくらい広範な悔い改め――以外、国家としてのわれわれを救うものは、過ぎ去ってしまったのだ！

そのような悔い改めは、悲嘆というようなものではなく、最大限の告白と再生でなければならず、それが「束縛をゆるめ、重荷を下ろさせ、すべてのくびきを壊し、飢えた者にパンを分け与え、見捨てられた貧者を雇い、打ちのめされた魂を充足させる[50]」。

一八三五年でさえ、遅すぎた。アメリカの悔い改めは失敗し、キリスト教革命という方法は、北部によっても南部によっても拒否された。来るべき王国は、「リパブリック讃歌」を歌った千年王国論によって歩みを速めたが、新しい時代が来てみると、それは、決して平和と友愛が支配する王国ではなく、再建の時代と呼ばれた。アメリカは、天国における主の晩餐の代わりに、その「偉大なるバーベキュー」を祝ったのである[51]。

南北戦争の問題によって、北部の大義と来るべき王国の希望を同一視していた者たちの間では、王国への希望が増した。他の者たちにこの戦争が証明したのは、この世の王国という希望はキリストの国の進み具合によるのだということであった。サミュエル・ハリスは、一八七〇年に、『この世におけるキリストの国』という影響力のあった講演を行って、社会的生を転換するためにアメリカにおける福音主義運動の希望を表現し体系化するという、彼に残された仕事を果たした。彼は、字義どおりの千年王国論を拒否すると同時に、その世俗化された人間主義的な形をも拒否した。「キリストの国は、人間性の内発的な発展によって生じたり、前進したりするのではない。むしろ、救済の力は神から人に降りてきて、人間の歴史の中に入って常にエネルギーとして作用し、人を霊的生へと急がせ、社会を神の国に変えるのである」。この力は、どのような組織にも集中して注がれることはない。キリストの国は、目に見える教会なのではなく、目に見える社会集団の中に不完全な形で現れる精神と生なのである。それは文明ではない。文明もまた相対的なものだからである。しかし、文明は、救済の力によってキリスト教的なものになり得る。来るべき王国は、政治的、経済的生との関わりから切り離された霊的な財産なのではない。それは、あらゆる関わりの中で、中心において変化を遂げた生であり、したがって周縁においても変化した生である。彼もまた、この王国の勝利を熱烈に希望しているが、その到来は必然的に起こるのではなく、神の働きによるのであり、心からの回心によって効果的になった人の業がもたらすのであるという事実を正しく認識していた。

キリスト以降の連続するおのおのの時代が、発展させるべき特有のキリスト教教理を持つとするならば、われわれの世代が学び、解き明かすように与えられているのは、キリストの国は、人の生と文明においてこの世全体を正義と愛で支配するというキリスト教教理である。……そして、思考と、時代の実践的生と性質の両方から見て、私は、これまでのどの時代も、これほどキリストの国の発展にとって好ましい条件を備え、信仰の厚いキリスト者の努力を勇気づけた時代はないと思う(52)。

社会的福音が世紀末にかけて現れた時に、それは、個人の希望と共同体の希望の間を弁証法的に展開してきた、この生きた運動を継承するものとして現れた。来るべき王国についてのグラッデンの概念がどれほど福音主義的か、彼の希望がどれほどキリストの再臨の成就に基づくものであるかは、彼の「神の国はどこにあるか」という講演に表されている。「われわれが見いだしたこの王国は、この地上にあって、着実にその国境を広げ、その支配を強化しつつある。それは、夜明けがこれから来ようとする一日に向かって広がっていくように、広がっていく。……この王国は、それ自体が正義を強める神の力の証しであり、愛という名を持つ神の力強い証しである」。この王国にまつわる一つの際立った真理は、その到来のしるしは「世界の中で、イエス・キリストが主人、主として知られ、愛されている地域においてのみ目に見える」ということである。神の国は、「セントローレンス川の水源を広大な内海までたどることができるのと同じくらい直接的に、イエス・キリストにまでさかのぼることができる。……キリストの言葉は、この王国の法であり、キリストの精神は、この国の命である」[53]。ラウシェンブシュもまた福音主義の伝統に大いに負っているということが、ますます明らかになってきた[54]。

しかし、王国についての福音主義的教理は、これらの者たちが置かれていた新しい状況においては適切ではなかった。それは、人の単位は個であるという確信――現在よりは彼らの時代には妥当であったが――から自由になることはできなかったのである。したがって、それは、社会的危機、つまり国家の病弊と人間の集団の窮状には対処できなかった。それは、約束を社会という観点から考え始めてはいたが、危機を死という観点から考え続けたのである。さらに、それは、制度化の度合いを増していった。それで、王国についての福音主義的教理に対する反動が、それ自身の子どもたちの中から生じる必要があった。それにもかかわらず、その子どもたちはその体験と約束を引き継いだのである。

悲惨を至福への道に向かわせ、不正を正義に向け、闘っているものを平和への道に送り込むような救済の言葉を追求するあらゆる営みの中で、グラッデンとラウシェンブシュと彼らの同胞は、石や紙に書かれたものではなく、国家全体が体験した生々しい復活の体験によって心という肉の碑に書かれたヴィジョンと約束を携えていた。彼らの父親たちが、キリストは死から復活し人々の中にいると信じたのは、空になった墓の物語を読んだからだけではない。キリストが正義と平和のうちに支配するために再臨すると彼らが信じたのは、ダニエル書の謎めいた数字と啓示の奇妙な兆候の意味を計算したからではない。彼らが信じたのは、彼と彼の復活の力を人の生全体の中で知るであろうということをガラス玉の中にぼんやりとではあるが見たからであり、見たことによって、彼らは、現在の安全を喪失であると認めるようになった。それで、彼らの子どもたちは、十字架と復活、救済と贖罪を古くさい迷信と見なす合理主義や、神の主権を否定する自由主義によってではなく、福音を恥じない神の国への忠誠心の記憶によって、自分たちの時代の中で、来るべき王国に向かって進むように仕向けられたのである。

［注］

（1）Ⅱエズラ記四・三四
（2）Massachusetts Historical Society, *Collections*, Series III, Vol. IX, pp.129, 133.
（3）*The Survey of the Summe of Church Discipline*, preface.
（4）James K. Hosmer, *The Life of Young Sir Henry Vane* (Boston and New York, 1888), pp.428 ff.
（5）*The Works of George Fox*, I, 120 f.
（6）*Ibid.*, II, 88.

（7）Braithwaite, *The Beginnings of Quakerism*, p.401に引用されている。
（8）Sharpless, *A Quaker Experiment in Government*, pp.28 f., 41, 103, 112 f., 152 f., *et passim*；Rufus Jones, *The Quakers in the American Colonies*, pp.175 ff., 184 f., 478 ff.
（9）*Works*, I, 69.
（10）Cf. C.G. Finney, *Memoirs* (New York, 1876), pp.9, 13.
（11）Cf. also George Santayana, *Obiter Scripta* (New York, 1936), pp.284 ff.
（12）*Works*, VII, 170；cf. p. 168.［邦訳として、ジョナサン・エドワーズ『説教・怒れる神の御手の中にある罪』飯島徹訳、ＣＬＣ出版、一九九一年があり参照した。］
（13）*Journal*, p.308 f.
（14）Samuel Hopkins, "A Treatise on the Millenium," in *Works* (Boston, 1854), II, 226.
（15）Edwards, *Works*, IV, 128.
（16）*Ibid*., IV, 120 f.
（17）*Ibid*., III, 325.
（18）*Ibid*., III, 409 ff., 413 ff.
（19）William Ellery Channing, *Works* (one-volume ed., Boston, 1888), pp.427 f.
（20）Hopkins, *Works*, II, 265, 261 ff.
（21）Edwards, *Works*, III, 404-9.
（22）Hopkins, *Works*, II, 271-87.
（23）Wesley, *Sermons*, II, 14, 15, 18.
（24）Wesley, *Letters* (Standard ed., London, 1931), VIII, 67.
（25）*The Journal and Essays of John Woolman*, pp.334 ff.
（26）フランシスコ会―ドミニコ会運動におけるこれと多少類似した展開は、Benz, *op. cit*., pp.175 ff. に描かれている。
（27）Cf. Edwards' sermon, "Pressing into the Kingdom," *Works*, V, 453 ff.

（28）上記、第三章の注41を参照のこと。

（29）Hopkins, *Works*, I, 116 f., II, 551 ff., 587.

（30）Fish, *Rise of the Common Man*, chap. 12.

（31）Clara E. Sears, *Days of Delusion* (New York, 1924).

（32）*Practical Sermons* (New York, 1858)； cf. "The Better Country," "On Heaven," "Holiness Alone Fits for Heaven."

（33）Lyman Beecher, *Works* (Boston, 1852), II, 441.

（34）チャニングと超絶主義が宗教的大覚醒や信仰復興運動とどのような関係にあるかについては、以下第五章IIを見よ。

（35）W.H. Channing, *A Memoir of William Ellery Channing* (9th ed., Boston, 1868), I, 63； cf. II, 159, 255.

（36）Cf. "The Great Purpose of Christianity," *Works*, 246 ff.； "Immortality," 354 f.； "The Perfect Life," 931 ff., especially 1006 f.； "The Future Life," 359 ff.

（37）*Works*, p.920； cf. also the discourses on war and slavery and "The Philanthropist."

（38）James Gray, *A Sketch of the Present Conditions and Prospects of the Christian Church* (Baltimore, 1821)； Lyman Beecher, *Works*, II, 441.

（39）Cf. Hopkins' introduction to Emerson Davis, *The Half-Century*, pp.xvi ff.

（40）Stephen Colwell, *New Themes for the Protestant Clergy* (New York, 1851).

（41）*The Millenial Harbinger* (Bethany, Va., 1830), I, 1, 5.

（42）*Ibid*., p. 34.

（43）*Lectures on Systematic Theology*, p.496.

（44）*Ibid*., pp.550-53.

（45）Gilbert H. Barnes and Dwight L. Dumond, *Letters of Theodore Dwight Weld, Angelina Grimké Weld and Sarah Grimké* (New York, 1934), I, 297 f.

（46）Edward Beecher, "The Scriptural Philosophy of Congregationalism and of Councils," in *Bibliotheca Sacra*, XXII (1865), 312.

（47）Barnes, *Letters of T. D. Weld*, I, 243.

(48) *Ibid.*, I, 318 ff.
(49) Hopkins, *Works*, II, 586 ff.
(50) Barnes, *Letters of T. D. Weld*, I, 247 f.
(51) Parrington, *op. cit.*, III, 23.
(52) Samuel Harris, *The Kingdom of Christ on Earth* (Andover, 1874), pp.65, 253, 255.
(53) Washington Gladden, *Burning Questions* (New York, 1890), pp.243 ff.
(54) 私は、この点についての情報を、特にコネチカット州ハートフォードのヴァーノン・P・ボーダイン博士の未刊の原稿から得ている。

［訳注］

＊1　ローマ書八・二三。
＊2　ピューリタン革命時の国王軍と議会軍の内乱のこと。ヒュー・ピーターズとヘンリー・ベイン卿は、王政復古の後ともに処刑されている。
＊3　ピューリタン革命において流血のあった町。ローマ帝国時代に、皇帝ディオクレティアヌスによるキリスト教徒迫害で多くの殉教者を出した町でもある。
＊4　一七二九年、オックスフォードでジョン・ウェスレーが弟らと共に始めた宗教サークル。
＊5　一尋は約一・八メートル。
＊6　エドワード・デラヴァン（一七九三―一八七一）。アメリカ禁酒同盟の実行委員長。デラヴァンは、黒人奴隷の逃亡を支援する「地下鉄道」の協力者でもあった。
＊7　ジョン・マクダウエル。アメリカ奴隷制反対協会から分岐したアメリカ道徳改革協会（一八三五―四一）の指導者の一人。
＊8　アーサー・タッパン（一七八六―一八六五）、ルイス・タッパン（一七八八―一八六三）。奴隷制廃止運動の活動家。ウ

ィリアム・ロイド・ギャリソンとともにアメリカ奴隷制反対協会を設立した。

第五章　神の国の制度化と世俗化

アメリカにおける神の国《キングダム》は、高邁な理想であったり、一つの組織であったりするわけではない。それは運動であり、古代にアウグスティヌスによって描かれた神の国《シティ》と同じように、思想や制度の中にはめ込もうとしても、部分的で、不純な仕方でしか現れない。そうした運動の中に、われわれはおぼろげながらある型――建造物や何か静的なものの設計図のようなものではなく、生、詩、その他動的なものの型に近いもの――があることに気がつく。それは新世界の交響楽である。その中では、それぞれの運動は、固有の主題を持ってはいるが、すでに過ぎていったもののすべてを基礎とし、後につながるものと結びついていて、全体を聴いた時にだけ全体の意味が理解できるようになる。拍子や楽句や小節だけを聴いたのでは、型は明らかにはならないのである。

交響楽の第一楽章は、多くの変奏で神の絶対主権という旋律を展開した。オーケストラにはシンバルの耳障りな音や気まぐれな演奏家による独奏もあったが、第一バイオリンの持続的な旋律によって、全体が保たれ、統合されている。第二楽章は、キリストの国という旋律で始まったが、第一楽章は聴衆にそれに備えさせていた。時には旋律の断片だけが聞こえることもある。人間の王国という副旋律が展開することもある。運動は、内的な不和を示唆するケトルドラムのゴロゴロという音で妨げられることもある。しかし、辺境の森で作られ、素人によって演奏された未完成の楽器が、主の支配というテーマを再び奏でた時、作曲の統一性は維持された。第三楽章は、アレグロであった。それは破滅を予告する警告で始まったが、希望の旋律が憂鬱な音の中から生まれて、力を得て完成され、新世界の生の大交響楽を支配することになった。

われわれの寓意は、多くの点でわれわれを失望させる。アメリカにおける神の国は、運動という観点ですべて描かれるわけではない。なぜならば、進行中に休止があり、生の流れが硬直へと凍ってしまう石化の時期もあったからである。そして、記憶喪失もあった。その前にあったものが忘れられ、人が、自分の出発点と行進の計画を思い出すことなく動き始めることもあったのである。

I 神の国を制度化すること

アンリ・ベルグソン教授は、宗教を「神秘主義が燃焼して人類の魂の中に残したものから熟練された冷却化によってつくられた結晶」であると描いている(1)。この言説は多くの批判にさらされている。「宗教」という語は結晶化された産物に対して使われるのと同じように動的な過程にも使われるということ、冷却という過程は、必ずしも科学的なものではないということ、神秘主義よりも預言主義のほうがキリスト教の動的要素を表しているということ、溶けている液体は個人の魂よりもむしろ社会的生に注がれるといったことが、反論の根拠である。それにもかかわらず、この生命論の哲学者は、福音と律法という伝統的な言い回しが使われて現代人には理解できなくなってしまったが、すべての宗教的生の真髄にある過程を描いているのである。

神の国運動が時に応じて結晶化されたり制度化されたりすることは、明らかに避けられないことである。神の主権は生きた現実であるという預言者の確信と、彼らの裁きの体験や救済への希望は、預言者的信仰の活力が否定されるような仕方で、律法主義的ユダヤ教によって保たれていた。使徒の時代の生きたキリスト教は、ギリシア教会とローマ教会の儀式、組織、戒律、信条として具体的な形をとった。十二、十三世紀の宗教復興は、スコラ神学と聖職制度を構築して終わった。かつて起こったことは、ヨーロッパ・プロテスタンティズムの歴史の中でも繰り返された。ヨーロッパ大陸においては、宗教改革は、国家教会《ステート・チャーチ》、すなわち純粋な教理と因習的なキリスト教的行為の体系の確立という結末に至った。イギリスにおける「名誉革命」は、国家においてと同じように教会においても、ジョージ王の時代の始まりをもたらした。あらゆるところで、決まって起こったことは、アメリカでも避けることはできなかった。ここでも、ピューリタニズムとクエーカー、大覚醒と信仰復興は、人々の魂に熱烈な確信を注ぎ込んだが、それらは結局、冷えて結晶化した法典、凝固した制度、石化した信条に変化してしまったのである。

このような制度化の現象は、常に両義的な性質を持つ。一方では、それは、宗教改革後の世代のために、革命運動によって勝ち取られたものを保存しようとする純粋な努力であった。預言者の倫理を法典にまとめることによって、ユダヤ教は、イザヤと共に主を見たこともなければ、アモスと共に怒りの大軍が近づく雷鳴を聞いたこともない子どもたちに、それを教えることができた。その法典を専門家集団の注意深い関心に託すことによって、ユダヤ教は、預言者が求めた行為を守らせることができた。それ以降、国家は、ホセアとエレミヤの抗議を招くことになった偶像崇拝や不実の行為に、決して再び陥らないようにすることができるようになった。同じように、初期キリスト教会の信条、儀礼、聖務、戒律も、第二世代のキリスト教徒を、彼らの親たちが驚くべき賜物として受け取った父と子との交わりへと導き、初期の使徒の生に革命的な出来事として訪れた赦しと同胞愛の体験へと導いた。同じことが、キリスト教運動の後の結晶にも当てはまる。それらはみな、革命的時代に得られたものを強固なものにし、それらに形をとらせることによって、子どもたちやその子孫に伝えることができるようにした。このようにして安定化と保存が図られなければ、この偉大な運動は、海の嵐のように通り過ぎ、それが破壊した、それ以前の構築物の残骸を後に残すだけであろう。

しかし、制度は、それを生んだ運動を裏切ることなしには運動を存続させることはできない。制度は静的なものであるのに対して、その母胎となった運動は動的なものであった。制度は、人をその境界線の中に閉じ込めようとするが、運動は、制度の束縛から人を解放してきた。制度は過去を見るが、運動は未来を指してきた。制度は、内容においては、それを生んだ動的な時代に類似しているが、精神においては、革命以前の状態に似ている。したがって、キリスト教会は、初期の時代を過ぎると、往々にして、キリストと使徒の時代よりも、ユダヤ教のシナゴーグやローマの国家のほうに密接に関連した姿勢を持ったように思われる。その信条は、生きている福音よりも哲学体系に似ていた。宗教改革後のルター派とカルヴァン派は、信念と行動を統制しようとする努力と自己満足的な態度という点で、かつて彼らが闘ったカトリック主義に似ている。このことは、宗教におけるのと同じように、政治においても研究においても当てはまる。この状況は、「真理に通じている者は上へ、そして前へ進むはずである」という進歩の哲学では説明できない。なぜならば、制度が失敗したのは、単に、変化しつつある文化的環境と歩調を合わせられなかったためではないからである。制度は、しばしば、革命運動以上に置かれた環境に巧みに適応している。制度に欠けているのはむしろ、内的活力である。制度は、新しい観念を生み出す自発性と力を持たない。それは、過去の功績に満足し、新しい洞察や力を期待するよりも、失うことを恐れている。それは、防御的なのである。しかし、制度は、その母胎となる運動と精神において異なるというだけではない。それらは、保持する内容を変えてしまう傾向をも持っているのである。創造的な時代の偉大な洞察が言葉、定式、信条といった象徴的な形にはめられる時、多くのものが省かれてしまう。象徴は決して実在ではなく、その意味は次第に失われていくことになる。それはしばしば、それがはじめに指し示そうとしていた経験に取って代わる。それで、象徴が表現できることの限界と喪失によって、また動的なものに静的なものを置き換えることによって、制度は、それが肯定しようとしていたものを否定し、それ自身の命題に対する反対命題となる。反対命題は決して全面否定なのではなく、命題のある部分が必ず保持されるのではあるが、それでも多くが失われ、否認されることになる。

結局、逃れられないように思われるこの普遍的な過程は、一度ならず、アメリカにおける神の国の歴史によって例証されている。石化へ向かう傾向のあるものは、実際は、運動全体を通して現れている。熱望全体に対して抗力が働き、ひどく災厄を恐れる者は進軍を止めて、安全な野営地を建てようとする。しかし、二つの時期に、制度化へ向かう傾向が特に明白になる。第一は、第二、第三世代のピューリタンとクエーカーの時代であり、第二は、大覚醒と信仰復興運動後の時代である。

第一の時期には、保守的な関心は、ピューリタンが半途契約とストッダード主義[*1]を採用し、フレンド派が生得の教会員資格を認めた時に現れた。これらの方策の中で最初のものを望ましいものとする政治的配慮は別としても、これら三つの方策はみな、父親の世代が享受した教会の交わりを新しい世代が得ることを可能にし、神の主権とキリストの国への信仰の影響を維持しようとする心からの努力を表している(2)。

さらに、それらは、子どもの世代にとっては必要であった。彼らは、教会の教理と戒律の中で養育されたために、親たちが示した熱情をもって信仰を受けとめることを彼らには期待することはできず、また、最初の誕生において、ほとんど与えられてしまったものを再生において体験することも期待できなかったからである。革命は過ぎ去った。革命後の世代に、革命の時代が要請したのと同じ生の再構築を期待することは、賢明ではない。それでも、これらの方策には、王国に忠誠を誓う者の社会を、決然とした確信を欠き、厳格な戒律をますます後退させた一人よがりの組織に変えるというだけの効果があった。神の主権は、もはや、あらゆる瞬間に人を創造し、裁き、救済した存在の活発な活動とはとらえられなくなり、彼の法による支配であると理解されるようになった。他方、キリストの国は、この世に現存する教会であるか、永遠の報いを備えた天国を意味するようになったのである。

　コットン・マザーは、革命的時代を過ぎた後のピューリタニズムの典型であるが、非常にしばしば、不幸にもピューリタニズム自体の模範として扱われる。彼はかなりの保守派であり、神の主権に対する旧来の忠誠心の多くが、彼の中にはっきり見受けられる。しかし、なんと歪んだ形で表れていることか！　パリントンは、「コットン・マザーが生きて働いた利己的な世界《ユニバース》においては、宇宙《コスモス》はボストンを中心地とするピューリタン共同体《コモンウェルス》の狭い領域へと狭められた。そして、そこでは、ノース・チャーチ［＊2］の繁栄が神の特別な関心事とされたのである」[3]と書いている。この言説は、神の国という観点から言い換えることができるだろう。というのは、神の国は、コットン・マザーにとっては、イギリスの宗教改革による支配と、ボストンを主な勝利者とする宗教改革の支配へと形を変えたからである。「ボストンよ、汝は天に引き上げられた！」と彼は叫んでいる。[4]彼は過去に頼り、父親たちが形成した比類のない制度に頼り、安息日法、会衆派の秩序と戒律、共同体の法律に頼った。熱心に披瀝された学びをもって、彼は、この世のどのキリスト教社会よりも完全な社会に近いものであると評価していた既存の秩序を防御した。神の国が制度になってしまっただけではなく、キリストの支配も習慣になってしまった。内面に書き込まれた法は、コットン・マザーにとっては、心気症的な内観の状態の中で果てしなく学ばれるべき碑文であった。『善行録』[5]という随筆は、反転した道徳主義の古典的な例である。ここでは、すべての関心が自己とその道徳的鍛練に向けられている。神の意志が行われることだけを要求した初期のピューリタンの勇敢な客観主義は、行為者の心が善良であるかどうかを常に問う熱狂的な主観主義に変わった。キリストの国の使信は、新しく精神化された律法に言い換えられて、これまでの外面的法規制と同じくらいその要求において厳格になり、綿密に定義され、規制され、パリサイ主義への誘惑を多いに伴うものになった。神の絶対主権とキリストの国の概念が成文化され、形式化され、制度化されたことに、世俗的自由主義は反発せざるを得なかった。客観的な常識を備えていたヤンキーの精神は、この内向的なピューリタニズムに対する適切な代替物を提供した。[6] しかし、石化したピューリタニズムの足鎖を断ち切り、キリスト教会の原動力を回復したのは、フランクリンであるよりはむしろエドワーズであり、合理的啓蒙主義であるよりは大覚醒運動だったのである。

　しかし、先駆となる運動に襲いかかった運命から逃れることは、その後継者たちにもできなかった。大覚醒もまた、運動がもたらしたものを保とうと努める中で、沈滞に陥った。十九世紀初頭に、特にティモシー・ドワイトとライマン・ビーチャーによって表現されているコネチカットの永続命令は、信条の内容はエドワーズ的ではあったが、コットン・マザーの精神を再生するものである。世紀が下るにしたがって、結晶化の過程は進行した。運動失調症がコネチカットから辺境へと徐々に進行し、アメリカ「修道会」すべてが教派《デノミネーション》になり、すべての教派が、その栄光ある過去と信条と慣習を防御し始めた。それを生んだ運動と比較すると、この制度的信仰は、何よりもまず、運動には常に存在していた危機感が欠如しているという特徴を持っている。肯定的な言い方をするならば、慣習的な信仰は、危機は去り、人の主な関心はその実を保持することであるという確信に特徴づけられているのである。

　エドワーズ、ホプキンズ、ホウィットフィールド、フィニーは、神の絶対主権とは、すべての人があらゆる瞬間に無限大に依存している存在による現在の活動と主導権であると理解していた。ライマン・ビーチャーと彼の同志にとっては、主権者である神は遠い過去に意思を表明し、曲げられることのない法としてそれを記録させた不在の君主である。これらの教会指導者が理解していたところでは、主権のもとで生きるということは聖なる存在と関わりながら生きることではなく、法に従って生きるということである。彼らは、りんごが木から落ちることを、大きな質量のものに小さなものが引きつけられるためだと説明するのではなく、重力の法則への服従の行為であると説明する。宗教に関するあらゆる事象において、彼らは、神意の定義を「自由な代理人の世界を創造し、それを彼の道徳的政府の完全な法のもとで永続させ、彼の慈愛の喜悦と顕現のために、また彼に服従するすべてのものの完全な喜びのために、暗に意味されることと予見される帰結をすべて配慮しながら完全に運営しようという神の決意」であるとする。(7) 人と存在の中の存在者との間には重要な直接的関係があるという感覚は、人は特定の法を守る責任があるという感覚の中で失われた。さらに、これらの法は、自然界にただ一度制定され、聖書に発表されたと理解されているため、聖書は、神の生きた意志を理解するための助けであるというよりむしろ法律書になった。(8) 聖書だけが神の道徳的統治を媒介するのではないと考えられ、その法律書に基づいて建てられた宗教的制度もまた、神の主権を表していると公言するようになった。ライマン・ビーチャーは、神の道徳法とニュー・イングランドのピューリタニズムの法を同一視し、さらに後者を合衆国の法律と同一視する傾向を持っていた。

われわれの共和国は、その憲法と法律については天国に起源を持つ［と彼は宣言する］。それは、ギリシアやローマからではなく、聖書から多くを借用している。われわれはギリシアやローマから光を得たが、星や太陽は別の源――聖書から得た。月が太陽から光を得ているように、われわれの憲法が聖書からその要素と均衡と力を得ているという命題ほど立証しやすいものはない。「夜は火の柱をもって、昼は雲の柱をもって」導くように、これらの基本的な原理をわれわれの祖先に与えたのは神である。世界がこれまでに理解したすべての自由は、これらの天国の託宣によって人に注ぎ込まれた真昼の太陽に比べれば、薄暗い星にすぎないのである。(9)

ビーチャーは、最も熱烈な賛辞をニュー・イングランドの法律のために留保していた。「彼らの制度を見よ。それは、世界が必要とするものであり、神の力によって世界の啓発と刷新が可能になるように心を傾けている」[10]。ニュー・イングランドの教会組織は、「これまでに神と人の協力によってつくられたものの中で最も高貴な組織である」[11]。「安息日は、神の施政の偉大な機関――神によって用意された、彼の道徳的統治に偏在性と力を与える唯一の手段――である」[12]。それでビーチャーは、「われわれの父親たちが育んだ模範」と「来るべき天罰から逃れるための救いの手を差しのべる天国の機関」へと、人々を結集させるのである[13]。

神の絶対主権が過去に確立された法律へと還元された時、それが生きた実在として体験されていた時にそれと結びついていた観念のすべてが、理解できないものになった。存在の中の存在者に対する無限の依存に気づいていたエドワーズのような者にとっては、神がすべてのものに絶対的な作用を及ぼしていることは、栄光ある自明の真理である。そして、人は、神の主導権に懸命に応えるべきであり、また応えようとしているということもまた、同じように自明の理である。神の絶対主権が法となり、生き生きとした関係が機械的な関係になった時、神と人の対話は消えて、矛盾する教理の申し立てになってしまう。人は、完全に運命を決定されている、といわれる一方で、服従するか否かは自由であるとも説かれるのである。この弁証法的対話は論争となり、その中で人々は互いに自分の信条を叫び合ったり、神は人の運命を完全に決めるわけではない、人は全面的に自由なわけではない、などとほんの少しの譲歩を見せたりするようになった。そして、このような歩み寄りは、「神聖性における改良」などと呼ばれるのである。生の過程についてはもっともであったことが、石化した産物について語られた時には、虚偽となり理解できないものとなる。制度化された信仰は、預言者の体験についての洞察を保持しようとして、神の絶対主権を法に、彼の活動を運命の働きに変えてしまう。エドワーズが論じた神の決定論は、彼を継承する者においては運命論になってしまったのである。

信仰復興運動後の時代には、同じような仕方で、キリストの国が、目に見える教会の壁の中に押し込められた。「集合体としての教会は、神の道徳的施政の機関であり――神聖な政府の啓示された法に効力と永続性を与えるという特別の目的のために形成された、憲章に基づく共同体である」。そして、それは、聖書が立法を担う機関であるのと同じように、神の道徳的政府で行政を司る部門なのであると、ビーチャーは述べている。それは、「世界の救済を達成するための、神の実践的な体制」である。また、それは、「相互防衛と布教効果を高めるための連合体でもある」と続ける。[14] ここにわれわれは、動的なプロテスタンティズムが恐れていた、まさにあの教会の定義を見いだすのである。教会は、自意識の強い神の代弁者となり、人を神に向かわせる代わりにまず教会自体に関心を持つように仕向ける。当然のこととして、それは、置かれている状況のもとで防御的なものに変わる。そして、罪に対する赦しの中で生きて、その業を行い、懺悔する代わりに、それは、それ自身と自分の福音や信仰を正当化し、賛美しなければならなくなるのである。

キリストの国の制度化は、実践の領域においてはさらに一層致命的である。福音化運動は、回心の結果を保持し、発展させようとして、回心者をいくつかの集団へと組織し、その集団に成員を監督させ、さらなる福音化を推進するように促した。これらの集団は、指導者や社会集団の特異な関心と偏見と確信を反映したため、フランシスコ会がドミニコ会と異なるように、またこの二つがイエズス会と異なるように、相互に異なるものになっていった。大覚醒と信仰復興運動の影響のもとで、既存の教会の中でも分裂が起こった。それでも、かなりの程度に力強い協力も成立していて、教会や集団を組織することは、キリストの国を広げるという共通の業に次ぐ二次的なものにすぎないということは、はっきりと理解されていた。さらに、たとえその活動は異なる領域でさまざまな伝統を持つ人々の間で行われ、異なる方法で推進されているとしても、一つの大きな運動に参加しているのであるということに、さまざまな集団とその指導者たちは気づいていた。教会や集団の間の社会的相違は、この共同体感覚に打ち勝つほどのものではなかった[15]。最初の大覚醒について語る中で、レナード・W・ベーコンは、「信仰復興運動の昂揚の中で、大陸《アメリカ》は共通の宗教的生という意識に目覚めた」と指摘し、この運動が発祥においても影響においても国境を越えたものであったために、その影響を受けて、アメリカのキリスト者は、信仰が教会一致的《エキュメニカル》な性格を持つことを強く意識するようになったと述べている。第二次信仰復興運動も類似した効果を持った。アメリカの宗教的生は、多くの集団に分けられているが、共通の型を持ち、共通の関心を示し、共通の希望によって霊感を得たのである。

運動が休止して制度主義への転換が始まると、進取の気性に富んでいた集団は教派《デノミネーション》になった。アメリカの教派《デノミネーション》というこの特異な制度は、防御的なものになって、目に見えない普遍教会としての自覚を失った伝道機構として描かれるものになった。これらの結社は、その組織自身とその大義を混同し、自身を奨励し始め、集団に浸透している実践と教理をキリストの国と同じものであると考えるようになった。制度化された信仰は、内容的には運動のそれと似ているように思われるが、その精神はまったく異なる。会衆派と長老派は自意識過剰となり、彼らの異なる伝統のほうを共通の責務よりも強く意識するようになって、統合の計画から手を引き、互いに競争するようになった。国内外での伝道事業は、教派の境界線に沿って分断された。宗教団体は、それぞれの固有のやり方で、宗教教育や若者の福音化、神学教育、宗教的著作の印刷と配布を行うことに没頭した。ルター派と改革派の間や、改革派と会衆派、長老派の間や、辺境の信仰復興集団の間にかつては存在していた温かい関係は、激しい競争に道を譲った。キリストの国を広める業に共にあずかっているという感覚を喪失するにつれて、地域的、人種的、文化的差異がますます重要性を帯びることになった。教会に多くの注意が向けられるようになればなるほど、分裂への傾向は増していく。この制度主義が発展した時期を特定することは難しい。ニュー・イングランド会衆主義では、それはジェファソンの時代に再び現れた。一般に、それは、特にこの世紀の四〇年代に現れ、それ以降、元々の運動の勢いが次第に失われるにつれて、重要性を増したのである[16]。

キリストの国の制度化は、自然の成り行きとして、その国家化を招いた。特異な利点と遺産と使命を持つ自己へと関心が向けられ、攻撃と信仰告白から防御と弁護への変換が起こり、教会と世界がますます混同されるようになったために、教会一致的キリスト教との接点が失われていくのはきわめて自然であった。アメリカのキリスト者は、特別な任務のために召された選ばれた民であるという旧来の観念は、特別の恵みを受けて選ばれた国家であるという概念に変わった。ライマン・ビーチャーにおいても、彼に先立つコットン・マザーにおけると同じように、どのようにしてこの傾向が表れるようになったかを見ることができる。十九世紀が下るにつれて、神の偏愛という旋律がだんだん聞こえるようになった。キリスト教、デモクラシー、アメリカニズム、英語と英語文化、工業と科学の発展、アメリカの諸制度——これらはみな、混同され、ごっちゃにされた。アメリカ人は、自分自身の正義を熟考することによって、それと神の正義を直ちに同一視してしまうような高尚で熱烈な感情で満たされた。キリストの国の危機は過ぎ去った。それはデモクラシー革命の中に、または現代科学の誕生の中に、または福音主義的信仰復興運動の中に、またはプロテスタント宗教改革の中に現れた。それ以来、主の王国は人が所有するものとなり、永遠の革命ではなくなったのである[17]。それは、特に、アングロ‐サクソン民族の王国となり、アメリカで製造された電燈によって異邦人に光をもたらすことが運命づけられている。こうして、教会と政治における制度主義と帝国主義は、手を携えて進展したのである。

キリストの国が教会と国家の形で制度化されるにつれて、そこに入る道もまた限定され、地図に示され、自動車を備えられ、ガードレールを付けられた[18]。再生、すなわち自我の死と新しい生への誕生――見たところ突然に起こることもあり、非常にゆっくりと苦しみを伴って起こることも、あいまいに、または現実的に、または相反するものを含んで起こることもあるもの――は、日曜日の朝、最後の讃美歌を歌っている間や、年に二回、信仰復興運動の説教者が町に来た時に起こる回心になる。回心者の中には、そのようなものの中に実在性を見いだす者もあったが、その始まりと進行の大部分において所定の型に従うことによって、生気はそこから失われてしまった。それは、一時性から永遠性に至る道、有限なものへの信頼から無限なものへの信仰に至る道、自己中心から神中心に至る道であるというよりは、制度的教会への道であり、安息日を守り、速やかに借金を返し、天国を願い、肉体的、精神的興奮に酔いしれているところを決して見せない尊敬すべきキリスト教教会員の交わりに至る道である。回心にどのようなことが起こったかについては、イギリスのキリスト教徒を指導するために、アメリカ人聖職者カルヴィン・コルトンが一八三〇年代に書いた幾分か奇妙な本に、はっきりと示されている。彼は、「手段が明らかでない時の信仰復興と、手段が明白である時の信仰復興」という二種類の信仰復興を区別している。前者は、ただやって来る。人は、雨を待つようにそれを待つ。それは「数年前まで、アメリカにおける宗教復興の通常の性格であった。……ほんの二、三年前から、人間的手段によって信仰復興を推進することが、かなりの程度、研究課題となり、体系的努力の目的となった」と、彼は述べている。いまや信仰復興は、「神の関与に対する信仰の算術に基づいて人間が計算するものとなった」。神は、彼の民が眠っている間に働くが、彼の民が働いている間も決して眠ることはない[19]。大覚醒運動は、神を昏睡から目覚めさせる手段になった。コルトンが無邪気に示し、フィニーが実際に用意した手段は、発展して、「ビリー・サンデーによる大衆暗示」という操作で絶頂に達した。プロテスタンティズムが当初抵抗した制度主義と礼典主義が、新しい形で現れた。教会と宗教は、存在の中心や源と混同され、恩寵の手段は、神がそれを通して作用することを許される単なる道具となった。さらに、新しい教会中心主義は、かつての教会万能主義ほどにも美しくはなく、しばしば賢明でもなかったのである。

道徳主義的な観念は、回心に関するこの機械論的な概念と密接に結びついていた。神との和解はいまや、多少ともキリスト教化された社会で確立されている習慣との和解を意味した。キリスト教会が社会的道徳規範《モレス》の守護者になるにつれて、教会の復興運動は支配的な基準を施行するための道具になる傾向があった。飲酒が民主的な工業社会ではどれほど危険であるかが明らかになると、信仰復興運動は、特にこの悪癖と闘うために使われた。人は、酒場で生の欲求不満、抗争、無益性、貧困から逃れようとしたが、彼らはそれらのものからではなく、ウィスキーから救われることになった。そして、信仰復興運動は、時にはこれほどはっきりとは有効でない仕方で使われて、資本主義的産業の掟を施行し、労働者の反乱に打ち勝ち、産業体系の成功を左右するブルジョワ的徳目を育んだ。

石化もまた、希望の生を襲った。神の絶対主権が法の形で制度化され、キリストの国が教派と恩寵の手段として制度化されたように、来るべき神の国へ向かう傾向とその到来への希望は、道徳的是認や進歩への信念へと変えられた。個人の希望と同じように、来るべき王国は、現在とは有機的な関係を持たない他界的な出来事になった。地獄は、法を守ることができなかった市民を神が裁いて送り込む牢獄となり、天国は為された善行に対する報酬となった。罰と報酬は、賃金と労働の関係や罰金と過失の関係と同じように、生と外面的に関係する。危機についての教理は、キリスト教的な民主的ブルジョワ社会の道徳規範を施行するための道具になった。未熟な親や立法者にはよくあることであるが、この防御的な信仰を教える説教者は、脅しを増やし、また子どもたちの行いが悪くなればなるほど約束をより魅力的なものにした。しかし、脅迫と約束が大きくなればなるほど、子どもたちはますますその成就を疑うようになるのである。危機がすべてのこの世的なものの終わりとして理解されるならば、それは再び、象徴を保持しつつもその実在性を忘れてしまった者たちが示す機械的で字義主義的な手法で論じられる。確かに、ミラー説信奉者の運動と後の千年王国論的なファンダメンタリズムは、人間の生の重要な性質を本当に理解してはいたが、全体として見れば、彼らは意味に対してよりも象徴に対して関心を持っており、来るべき王国への彼らの備えは、往々にして、危機そのものに対してと同様、現実的な生の問題に対しても不適切であった。

王国が社会的な観点で理解される場合には、その到来に対する信仰は、進歩についての信念へと変えられた。裁きは、本当に終わった。それは、民主主義革命の中で起こったのである。約束の地で今生きられている生は、約束された生であると見なされ、人々にとって、アメリカ的制度が全世界に広められることによって与えられるもの以上に大きな至福はあり得ない。アメリカ自体が、自身に対する裁きとしての王国の訪れに繰り返し出会わなければならないということや、アメリカの教会が新しい破滅と復活を経験しなければならないということは、間接的にさえ示唆されなかった。自己満悦的な風潮が、若いブッシュネルにさえ表れた。彼は、「完全なプロテスタンティズムは、純粋なキリスト教であり」、完全な形のプロテスタンティズムは会衆主義であり、会衆主義は共和主義の立案者であるということを、自明の理と考えていた。「われわれは、世界を照らすあの光を預かるものである」と彼は叫んだ[20]。政治的な意味でとらえられるにせよ、教会的、経済的、文化的意味でとらえられるにせよ、来るべき王国は、死と復活、危機と約束の両方を伴うものと見なされるのではなく、現在確立されている諸傾向の成就であると見なされているのである。

社会的福音が十九世紀末に現れた時、来るべき王国に関するこの制度化された見方は、その構成要素の一つであった。社会的福音の運動はさまざまなものを含んでいるので、その中には、キリスト教を社会的生に適用することを要求して、何よりもまずアメリカの政治制度と教会制度を保持し広めようと考えていた一派があったという表現のほうがより適切かもしれない。改革者の多くが、この点に関心を持っていたように思われる。奴隷制をめぐる抗争の時代には、彼らは、奴隷にはほとんど関心を示さなかったが、奴隷所有者の政治権力と、自分たちの生の型を全国に広めたいという彼の強い望みによって脅かされている制度を保持することには、深い関心を抱いていた。現在、彼らは労働者に対してよりも、彼を説き伏せて教会に導くことのほうにしばしば大きな関心を持ち、制度を維持するための手段として社会的福音を用いることに関心を持っているように見える。改革者としての彼らは、個人を説得することに失敗した時、禁酒と安息日の遵守のような良い社会習慣を維持するために、政治的手段に訴えた。また、伝道者としての彼らは、世界中がこの世における神の国の祝福を受けられるように――必要ならば軍事力を用いて――民主的制度の拡大を図ったのである。

王国への信仰は、さまざまな方法で制度化された。それは、形成的業がある程度達成されると、その功績に満足して自惚れと独善を示すようになる。そして、普遍的な正当性を持ち天国に起源を持つと主張する制度が、どれほど相対的で限定的であるかを知る者からの反発を、必然的に招くことになったのである。

Ⅱ　自由主義と神の国

アメリカ宗教の中に自由主義が芽生えた時、その仇敵となったのは、動的なキリスト教ではなく、むしろプロテスタント運動の結晶であるこれらの正統的制度と既存の信念であった。自由主義は、宗教的生の動的な要素を、再び表現するものであった。それは、神の絶対主権への信仰が凝固してできた運命論に対する反抗であり、聖書を科学的法則と道徳的原理の書物にしてしまった聖書主義に対する反抗であり、再生を教会員を鼓舞する手段に変えてしまった信仰復興運動への反抗であり、天国と地獄を報酬と罰にした他界観に対する反抗であった。

しかし、自由主義を扱う際には、われわれは、カルヴァン主義について語る時と同じくらい用心しなければならない。この名を持つものすべてが、動的であるとは限らないからである。アンドルーズ・ノートンの自由主義とウィリアム・エラリー・チャニングの自由主義の間には、コットン・マザーのカルヴァン主義とジョナサン・エドワーズのカルヴァン主義の間にあるのと同じくらい大きな相違が存在する。イギリスの理神論者やフランスの合理主義者と、そのアメリカにおける信奉者によって表されたような合理的自由主義は、その異議申し立ての対象であった教会の正統主義と同じくらい、その概念においては静的であり、姿勢においては独善的であった。自由主義が正統な神の代替と見なすことになった自然もまた、固定した機械論的実在である。その法は、制度化された神の命令と同様、自由で生きた活動についてのおおよその言説ではなく、立憲君主がそれによって拘束され、権限を制限される法規であった。理性の真理は、啓示の正統的真理と同じように、具体的な実在についての抽象的な言説とは見なされず、存在が従わなければならない堅苦しい観念であると考えられた。それは、宗教的制度主義が予定説に関心を持つように、人間の自由という教理に関心を持つが、宗教的制度主義が人の限りない依存を認識することにあまり関心を抱かないのと同じように、自由を勝ち取るということにはあまり関心を抱かない。社会学的には、このいわゆる自由主義は、財産を持つ新興の中産階級の利益を守ることと結びついている。これは正統主義が社会的な地位を確立した聖職者の利益と、新しい自由主義が一般大衆の熱望と結びついているのと同じである。自由主義がアメリカにおいて宗教の形で現れた時、それは、ジェファソンを支持する者の間ではなく、洗練された富裕層の間に現れた。この富裕層は自由が広まることは望まず、彼らの問題に正統主義が干渉することを嫌った。また、彼らは自由主義が思想的に明らかに未熟であることと、彼らの宗教的安全性に脅威となることを酷く嫌っていた。

動的な自由主義は、チャニングとエマスンをアメリカにおける偉大な主唱者としているが、精神においては、それ以前の合理的自由主義よりも福音主義運動に類似している。それは、たとえ宗教的啓蒙主義から発したのではないとしても、人を支配し、人がそこから生まれ、そこへ戻っていく実在に対して、人は生き生きとした関係を持つと考える点で、宗教的啓蒙主義と一致している。それは、この実在を自然または大霊と称しているのに対して、信仰は啓示に依拠し、実在を人格という意味合いでとらえるために、この汎神論を猜疑の目で見た。しかし、実在と結ぶ関係は、どちらの場合も直接的で切迫している。さらに、超絶主義は、福音主義運動と同じように、世界全体が究極的存在と結ぶ関係ゆえに、世界全体を聖なるものと考える。チャニングは次のように告白している。「私のすべての感情と気質は、最近、変化した。かつて私は、純粋な道徳的達成にすぎないものを、唯一の追求すべき目的であると考えていた。私は今、厳かな気持ちで自分を神に捧げている。私は、神への至高の愛をすべての義務の第一のものと考えるようになり、道徳は、宗教の力強い根から出た枝にすぎないものであるように思えてきた。私は、人類を愛している。なぜなら、彼らは神の子だからである[21]」。全体として見ればチャニングは、人間自身のために人間の尊厳と価値を強調する傾向を持っていたので、この言説を強調し過ぎるべきではないが、そこには論理的つながりがある。エマスンにおいては、それはさらに明らかである。というのは、多くのものの中に自己を表現する唯一者、個々の人間に具現されている普遍的思想といった心に残る観念が、彼の著作のほとんどすべての文章の背後にあるからである。この聖なる世界においては、超絶主義もまた福音主義と同じように、熱心に慈善事業に取り組んだ。チャニングは、社会改革を行おうとする彼の努力の背後にある信仰を、福音主義者が使ってもよいような言い回しで要約している。

私は、人への新たな崇敬が、社会改革の大義に欠かせないと感じ、それを常に主張してきた。人が、今と同じように、互いのことを獣同然のものと見ている限り、彼らは互いに対して残忍な扱いをし続けるであろう。一人一人が、奸智と巧妙な技を用いて、他人を自分の道具にしようとするだろう。そこには、同胞愛の精神も真の平和も存在せず、人が神に似ていることや、神と特別な関係にあることの意味を理解したり、何のために神から命を授かったのかを理解するには至らない。これまでのところ、これらの観念は、一種の精神的虚構として扱われている。そして、人が自分自身と互いのうちに神の子を見いだすことを本気で期待する教師は、空想家として一笑に付されている。しかし、キリスト教のこの最もわかりやすい真理を受けとめることによって、社会に革命が起こり、今日夢想だにしないような関係が人々の間に生まれるのである。[22]

福音主義者は、異なる仕方でこの思想を表現している。彼らは自分たちの同胞について語る時、神がこの世にひとり子を遣わしたのは彼らのためであり、大きな受難を通して、神は彼らに対する愛を示し、行ったと述べ、そのような救済の業が必要なのだと述べたのである。福音主義者は、正統主義思想を見ていた自由主義者と同じように、神は人をその邪悪さにもかかわらず愛したので、人には人類を卑しめる資格があるなどというようなことは決して言わなかった。

動的な自由主義は、別の面でもまた、動的な福音主義に類似していた。人の行為と結果の間に密接な関係があると考えたのである。償いという観念においては、それは、外面的関係にある報酬と罰の思想を否定する。この報酬と罰の思想は、人は神の絶対主権のもとで生きて、自分のまいた種は自分で刈り取らなければならないというキリスト教本来の考え方が制度化された信仰によって、変形させられたものだからである。動的な自由主義はまた、表立った行動における改革やさまざまな制度に献身することよりもむしろ、中心的原理の再生が人の中に起こることを望んだ。エマスンによれば、人が最も望んでいるのは、

より高い演壇に引き上げられて、現在の恐れを越えた向こう側にある善を見ることによって、彼の恐れと寒さと習慣が氷のように砕けて、溶け、良い意志の大きな流れに運び去られることである。……すでに見てきたことであるが、制度に対する批判と攻撃は、ある一つのことを明らかにした。すなわち、人が自らは新しくなろうとしないまま、周囲のものを刷新しようとするときには、社会は何も得ないということである。人は、ある特定のことについてはうんざりするほど善になるが、残りのことについては怠慢で偏狭になった。そして、しばしば、偽善と虚栄心という気分が悪くなるような結果がもたらされるのである。[23]

これは、精神においても、また言葉の上でも、道徳的であるだけの人間に対する福音主義からの攻撃のように聞こえる。

しかし、二つの運動を最も似通ったものにしているのは、それらが共に、自由に関心を抱いているということである。超絶主義とロマン主義にとって、自由とは、権利や権利の集合であるというよりは自発性であった。そのため、これらは、天才を好み、独創性を崇拝するのである。自由は、尊ばれるべき所有物であるよりはむしろ、勝ち取られるべき善である。動産としての奴隷所有の廃止、教育の増進、政治的・経済的有力者の抑制、経済保護対策を通して、自由をすべての人々に拡大することに、ますます多くの関心が注がれた。これらの関心によって、合理

主義的自由主義の所産であろうと、カルヴァン主義や福音主義の所産であろうと、既存の制度を守ろうとする者との抗争の中で、自由の問題が常に取りざたされることになった。この抗争は、異なる思想の間の抗争であるというよりは、その内容のいかんにかかわらず、生気を失った伝統と活力に満ちている伝統との間の抗争なのである。

二つの運動の類似性は、未来に向かう彼らの態度にまで浸透した。昨今、自由主義を素朴な楽観主義であると語ることが流行になっている。確かに、かつてはそうであった。その素朴な楽観主義は、個人の救済への期待に現れ、また後には社会の救済への期待に現れた。しかし、非難される時にはしばしば忘れられることであるが、この楽観主義はキリスト教の福音に根を持つのである。西洋世界でこれほど長い間優勢であった進歩への信仰は、ダーウィニズムの進化論や、科学技術の成功や、ヨーロッパ文明の発展によって強化されたとはいえ、究極的には、それらから発したのではない。この教理は、ギリシアやルネサンスにさかのぼることはできない。なぜならば、ギリシアでは、季節からイメージして、歴史を再生と衰退の繰り返しとして考えているからである。その源となっているものは、最初に預言者によって告白され、その後、黙示文学者たちによって絶望のただ中で再び唱えられ、新約聖書の使徒による生きた体験に根拠を持つ信仰である。進歩の思想は、後のマルクスの弁証法的唯物論と同じように、この歴史神学が世俗化されたものである。[24] 進歩の思想を取り入れた自由主義は、歴史的には、ヘブライ的、キリスト教的歴史観を再び唱えた福音主義と関連づけられる。その世俗化された千年王国論は、ブルックファーム、オネイダ共同体、ニュー・ハーモニー[＊3]、キリスト教共同国家[＊4]の交わりを築いたユートピア的事業の形で現れた。来るべき王国へ向かう、福音主義の傾向がより強い流れは、部分的には、フィラデルフィア[＊5]、エフラタ[＊6]、ゾーアー[＊7]、アマナの組織として現れた。[25] エドワード・ベラミーによって示されたその未来への見通しは、孫が祖父とは異なっているように、ジョゼフ・ベラミーがエドワーズとホプキンズから学んだものとは異なっていた。自由主義はしばしば、歴史的福音との類似を否定しようとするが、それが語ることやその特徴は、それとは裏腹なのである。

しかし、最後の例が示しているように、ロマン主義的自由主義と福音主義の間には、類似性と同様に対立点もある。どちらも動的であるが、一方は改革論的であるのに対して、他方は革命論的である。ロマン主義的な神の国概念には、不連続も危機も、悲劇も犠牲も、またどのようなものの喪失も含まれず、十字架と復活も含まれない。倫理においては、それは、利害は本来一致するものであり、人は博愛的で利他的な性質を持つと信じることによって、個人の関心と社会の関心を調和させる。政治と経済においては、それは、統一性が発展することにのみ注目して、自己主張と搾取が増大していることから目をそむけることで、国家的、階級的分裂を見逃した。宗教においては、それは、人を神格化し、神を人間化することによって、神と人を和解させた。それは、友好的な神を求める叫びの中にも苦しい罪の告白の中にも、幼稚な迷信のこだま以外のものを聞くことがない。存在するすべてのものの創造者であり目的でもあるのは愛の神であるという確信が、以前のカトリック信徒に訪れたのと同じように、プロテスタントと福音主義者にも訪れた。その確信は、あの実世界に対する敵意と無関心が、個人をその生まれた塵に返し、その業を虚無に変え、瓦礫と流れる砂の下に悲劇の帝国を埋めるのを見るという、大いなる代価を支払って得られるものである。自由主義は、神の愛と人の復活への信仰を継承していたため、その確信を軽く扱った。それは、かつて苦痛と引き換えでなければ得られなかったものを、直観または定義づけによって得られると考え、またほとんどの直観は人が五歳になる前に習得したものであることや、定義が現実と合致するとは限らない論理的装置にすぎないことを忘れてしまったのである。ホワイトヘッド教授がその偉大な言い回しで表現したように、それはもはや、宗教が「空虚な神から敵なる神へ、そして敵なる神から友なる神への移行」であることを理解していない[26]。それは、友に始まり友で終わる。より大きくてより有利な闘い、スラムと鉱山の村、膨大な不正の中にある人間も、怒りの中にある神も、有限なものと無限なものの間の、また罪人と聖なる者との間の絶え間ない交渉に、どのような障害も差し挟むことはないのである。エドワーズのような者にとっては、神の主権は、自分の思想や生をゆっくり適合させることを学ぶべき確固とした真理であったが、自由主義にとっては、それは虚偽であった。それは、神を人に適合させることによって、神と人の連続性を確立したのである。

新しい解釈においては、聖なる主権者との和解は必ずしも必要ではないため、キリストの統治は、歴史においても個人の生においても、革命的な出来事を伴うことはなかった。救い主キリストは、教師イエスとなり、人間の宗教的資質を十分に発展させた霊性の上での天才と見なされるようになった。さらに、動的なプロテスタンティズムと福音主義は、生の中核における徹底的な革命を求めて闘ってきたのであるが、自由主義にはそれは不必要なものに思われた。自由主義は、この革命を機械論的な回心と同一視することに反対しただけでなく、生が堕落しているという考え方にも反対したからである。それが論じた刷新は、病んだ身体に健康を回復することであるよりも、伝統的な信念や慣習の駄物の蓄積を処分することであった。宗教的生の変革、成長、発展、洗練や、寛大な感情の育成、人間主義的な理想の拡大、文明の進歩が、キリスト教革命に取って代わったのである。

同じようにして、来るべき王国の観念は、その弁証法的要素を奪われた。それは、裁きを経ない約束の完全な成就となる。それは、現在の中から育ちつつあるものであるため、恩寵の秩序と栄光の秩序の間で大きな危機が起こるはずはないと考えられた。この自由主義は、良い麦の成長は見るが毒麦の成長は見ず、収穫は見るが殻の焼却は見ないという一面的な進歩観を持っており、実に無邪気に楽観的である。

怒りを持たない神は罪のない人を、裁くことなく、十字架にかけられなかったキリストの務めを通して、王国に導き入れる。

改革論的楽観主義の傾向は、自由主義運動のすべての部分に浸透したわけではなかった。神の絶対主権、救済、キリスト教的希望を静的にとらえる見方への異議を共有しながら、それでもプロテスタンティズムの批判的、弁証法的要素を保とうとした仲介的立場のものが存在したのである。そうした者の中では、ホレース・ブッシュネルが最も偉大である。彼の宗教教育論には、回心の機械論化と形式化に対する異議が表されている。また、そこには成長の原理に対する彼の確信が見られる。しかし、ブッシュネルは、再生が必要であると考えていた[27]。彼は、ユニテリアン主義を拒絶し、絶えず贖罪の問題と格闘したが、このことは彼にとって生における非連続性がどれほど現実的なもので、キリスト教における革命的な要素がどれほど必要であるかを示している[28]。彼の神学に浸透している音調は、ロマン主義的で自由主義的であるが、プロテスタント的、福音主義的音色が失われたわけではないのである。

ワシントン・グラッデンとウォールター・ラウシェンブシュは、社会的福音運動の中で、仲介的立場という同じ傾向を代表しており、ラウシェンブシュのほうにその傾向はより強く見られる。彼らは、神の絶対主権、キリストの統治、来るべき王国の概念に関して、比較的福音主義に近い立場をとった点で、当時の自由主義者とは一線を画している。特に、ラウシェンブシュは、革命的な要素を表明し続けている。キリストの統治は回心を必要とし、来るべき王国は約束であるだけでなく、危機であり裁きでもある。神と人の関係についての彼の理論はしばしば自由主義的であると思われるが、彼は、預言者と聖パウロの言葉を語り続けたのである[29]。

歴史上、どのような仲介的神学も、これまで、それが調停しようとした相対立する要素の均衡を保ち得たことはなかったが、それはアメリカの仲介者にとっても同様であった。時の経過とともに、自由主義は次第に福音主義を凌駕し始めた。同時に、自由主義は、ますます世俗化し、より正確な表現を使うならば、神と人の間の、また現在と来るべき王国の間の関係が破綻しているという感覚を失い始めた。世代交代の過程で、自由主義の出発点となった信仰からの遺産は使い尽くされた。自由主義的父親を持つ自由主義的な子どもは、減り続ける貯えでやりくりしなければならなかった。チャニングはホプキンズに反抗したが、チャニングが述べたことの底には、ホプキンズが抱いていて若いチャニングが受けとめた確信があった。チャニングの話しを聞いた者の心の中にも、福音主義的伝統が豊かに蓄積された。信仰は、それが意識的に抱かれていないところにおいてさえ、作用していたのである。しかし、エマスンと彼の聴衆は、チャニングに比べて受け取った遺産が少なく、セオドア・パーカーが受け取ったものは、おそらくエマスンより少なかった。仲介者の相続についても、同じことがいえる。ブッシュネルは彼が学んだ信仰に対して異議を申し立てたが、それでも彼はそれを学んだのであり、彼の異議申し立ては、新旧の内的緊張から生じたという理由からも、意味深いものである。ワシントン・グラッデンの出発点となったのは、ブッシュネルが到達した、その師が主権と救済と贖罪について持っていた意識よりも低い意識であった。そのようにして、過程は進んでいったのである。

自由主義的、仲介的運動は、全体として、このような宗教的遺産の喪失を反映している。それ以前の世代が神の絶対主権についてどのような意識を持っていたにせよ、その継承者たちは神を宗教の対象として定義し、この人間の精神的生の機能を、神による統治の唯一の執行機関と定義したのである。統治するのは神ではなく、宗教が神からの支えを必要としながら微力をもって統治するのである。再生の福音に関して初期のロマン主義がどのような記憶を保持していたにせよ、後の自由主義は、人間的価値と神聖なものをますます同一視するようになり、進歩という喜ばしい知らせを告げ、内乱や戦争や階級闘争を招くことになる人間の道徳的努力を崇めたのである。若者が日々、「はるか東から」旅をしてくるにつれて、はるかかなたの善、ずっと遠くにある王国の素晴らしい眺めは、日常の日の光の中に消えてしまう。後期の自由主義における来るべき王国は、老年期の正統主義における天国と同じように、自由と栄光の場所ではなくなり、物質的な喜びの場となった。つまり、古代の迷信について語った時に冷笑に付したものに匹敵する快楽の場になったのである。それは、聖人の黄金の竪琴の代わりにラジオを、天使の翼の代わりにコンクリートのハイウェイと高性能の自動車を置き換え、天国の休息は今ではレジャーと呼ばれるようになった。しかし、それはみな、昔からのあったものであり、象徴が変わっただけなのである。

自由主義が制度尊重主義へと変化した際にも、同じ古いパターンが繰り返された。それは、かつて正統主義がそうであったのと同じように、維持と防御に熱心であった。神、自由、不滅についての信念は、もはや人間の不十分な信仰に挑戦するための告白ではなくなり、どんな手段を使ってでも、熱心に擁護されるべき根拠の不確かな教理として、学習と実践によって思いのままになるものと見なされるようになった。その恩寵の手段——祈りと礼拝と宗教教育——は、正統派が聖典と安息日を守るために用いたのと同じ種類の弁明を必要とした。宗教自体が、人が失うかもしれない繊細な財産として、または科学的世界による霜枯れから保護する必要のある若い植物として、注意深く守られるべきである。それを擁護する者たちは、科学者が示したあらゆる譲歩と、大学と政府の有力者がそれのために発した親切な言葉に感謝した。彼らは、彼らが生きている時代や集団の中で支配的である目的、つまりナショナリズムが権力を持つところでのナショナリズムの目的、資本主義が支配しているところでの資本主義の目的、急進主義が主導権を握っているところでの急進主義の目的を推進する上で、自分たちが役に立つということを証明しようとした。もちろん、防御性だけが制度化された自由主義の特徴だったわけではない。静的な福音主義や静的なプロテスタンティズムと同じように、それは、過去の諸運動の形成的な結果を保持していた。その成功の度合いはともかくとして、それは、あらゆる制度的な宗教が社会において遂行しなければならない機能を果たそうとして、道徳規範の最良のものを伝え、生の傾向が実質的な多神教に変わることを認め、希望を与えて、自分自身や他人との厳しい闘いにおける人の士気を高めた。このような保守主義によって、しばしば新しい方法が採用されることになった。というのは、啓発された保守主義は、古い内容を表現するために新しい形が用いられなければ、古いものは維持できないということを理解していたからである。しかし、刷新と改良は、形成的で動的な運動の代わりにはならない。制度的福音主義や制度的プロテスタンティズムと同じように、制度的な自由主義においても、アメリカにおける神の国の精力的な運動は、明らかに休止している。信仰という財産は、使い果たされてしまったか、忘れられてしまった。来るべき王国の理想は、神の主導権への依存から離れ、キリスト教革命の体験から分離されてしまったので、神の国を求める者たちを目覚めさせて新しい生へ誘うには不十分であることを露呈している。

古い運動の死を表すのと同じ制度主義が、積極果敢な新たな動きを生み出す豊かな源であり得るということは、歴史が詳細に示すところである。そうでなければ、教会が、どのような形にせよ神の国の福音を保持するということはあり得ないのである。アメリカのキリスト教運動で、制度化による停滞が最も明らかになったように思われたまさにその時、古い形の中に新しい精神がわき始める兆しがなかったわけではない。不安の蔓延、若者の方向性の定まらない野心、自分たちが仕えなければならなかった制度尊重主義に対する聖職者の反抗、宣教師や社会的福音の唱導者の間に見られる挑戦的なキリスト教に対する活発な関心、信仰の回復に対するキリスト教学生運動の深い関心は、新しい生の苗床になり得る精神的不安を表すものである。そして、伝統が忘れ去られたために力が失われたということや、主なる神が選んだイエス・キリストの統治を経由する道以外には来るべき王国に至る道はないということを知っているかのように、これらの運動が、キリスト教の過去の偉大な教理と伝統に対してますます強い関心を示すようになってきたことは、意義深いことなのである。

[注]

（1）Bergson, *The Two Sources of Morality and Religion*, p.227.［『道徳と宗教の二源泉』、二八七頁。］

（2）F.H. Foster, *A Genetic History of New England Theology* (Chicago, 1907), pp.31 f.

（3）Parrington, *op. cit*., I, 107.

（4）"The Bostonian Ebenezer," published as an appendix to Book I of *Magnalia Christi Americana.*

（5）*Bonifacius : An Essay upon the Good that is to be devised and designed by those who desire to answer the great end of life*, etc. (Boston, 1710). 後に、*Essays To Do Good* という題で数版にわたって刊行された。

（6）Parrington, *op. cit*., I, 125 ff.

（7）Lyman Beecher, *Works*, I, 287 f.

（8）Cf. Beecher's sermons, "The Bible a Code of Laws," *Works*, II, 154 ff., and "The Government of God Desirable," II, 5 ff.

（9）*Works*, I, 189 f.

（10）*Ibid*., I, 322.

（11）*Ibid*., II, 219.

（12）*Ibid*., I, 332 f.

（13）*Ibid*., II, 106, 110 f. この時期のニュー・イングランドの精神については、cf. Henry Adams, *History of the United States in the Administration of Thomas Jefferson*, Book I, chap. 3.

（14）Beecher, *Works*, II, 222, 223, 228.

（15）Leonard Woolsey Bacon, *A History of American Christianity* (New York, 1897), chaps. 11 and 12, p.175.

（16）R.E. Thompson, *A History of the Presbyterian Churches in the United States* (New York, 1895), pp.95 ff.; W.W. Sweet, *Methodism in American History* (New York, 1933), pp.332 ff., also pp.272, 309, 325, 332; Rufus Jones, *The Later Periods of Quakerism* (London, 1921), I, 435 ff., 488 ff.; Bacon, *op. cit*., 292 ff.

（17）この精神の典型的表現が見られるのは、Lyman Beecher, *Works*, I, 324 ff.; Horace Bushnell, *The Crisis of the Church*

(Hardford, 1835), and *An Oration…on the Principles of National Greatness* (New Haven, 1837)； Henry C. Fish, "The Earth Tributary to Christ's Kingdom," *National Preacher*, Ser.III, Vol.IV, no.11 (Nov., 1865) and other sermons in that collection； Josiah Strong, *The New Era, or the Coming Kingdom* (New York, 1893), and *Expansion Under New World Conditions* (New York, 1900).

(18) Cf. Nathaniel Hawthorne, "The Celestial Railroad," in *Mosses from an Old Manse*.

(19) Calvin Colton, *History and Character of American Revivals of Religion* (2d ed., London, 1832), pp.2-7.

(20) Bushnell, *The Crisis of the Church*, pp.9, 10, 14.

(21) *Memoir*, I, 127.

(22) *Works*, p.7.

(23) "The New England Reformers," in *Essays, Second Series*.

(24) Nicolas Berdyaev, *The Meaning of History* (New York, 1936)； Carl Becker, *The Heavenly City of the Eighteenth Century Philosophers* (New Haven, 1932)； Edwyn Bevan, *The Hope of the World To Come Underlying Judaism and Christianity* (London, 1930).

(25) W.A. Hinds, *American Communities and Co-operative Colonies* (3d ed., Chicago, 1908)； Charles Nordhoff, *Communistic Societies of the United States* (New York, 1875)； J.J. Sessler, *Communal Pietism Among Early American Moravians* (New York, 1933)； James Dombrowski, *The Early Days of Christian Socialism in America* (New York, 1936).

(26) *Religion in the Making* (New York, 1926), p.16.

(27) *Christian Nurture* (New York, 1862), pp.22 f.； *Sermons on Living Subjects* (New York, 1872), pp.138 ff.

(28) Cf. *God in Christ, Vicarious Sacrifice, Forgiveness and Law.*

(29) このことは特に、*Theology for a Social Gospel* (New York, 1918) に関して当てはまる。

［訳注］

＊1　ソロモン・ストッダード（一六四三―一七二九）の神学。恩寵の体験を得ていない信徒を回心体験へと導くために、彼らが聖餐に参加することを認めた。ソロモン・ストッダードはジョナサン・エドワーズの祖父にあたる。

＊2　一六四九年に設立されたボストン第二教会。父インクリース・マザーと共にコットン・マザーが牧師を務めた教会である。移転と合併を経て、現在はボストン第一・第二教会となっている。

＊3　一八一四年にジョージ・ラップがインディアナ州で始めたユートピア的共同体。ラップは、ハーモニー、エコノミーという共同体も始めている。

＊4　キリスト教信仰共同体として形成された国家。

＊5　フィラデルフィアでは信仰の自由が認められ、複数の宗教が平和裏に共存することが可能であることが証明された（「聖なる実験」）。

＊6　一七三二年にコンラット・バイセルによってフィラデルフィア近郊で始められた宗教共同体。セヴンスデー・バプテスト派。

＊7　ヨゼフ・ビメラーが、一八一七年にオハイオ州で始めた宗教共同体。名称は、創世記一九・二三―三〇に因んだもの。

訳者あとがき

本書は、Helmut Richard Niebuhr, *The Kingdom of God in America* (New York: Harper & Row, publishers, 1937) の全訳である。原著は、一九八八年に、ウェズレイアン大学出版会から復刻され、シカゴ大学のマーティン・E・マーティ教授の序文がつけられているが、本書は諸般の都合により、一九三七年版からの翻訳である。

マーティ教授はその序文の中で、半世紀も前に書かれた原著を復刻する理由について、それがアメリカ宗教を理解する上での傑作である点と、多元主義的アメリカとアメリカ宗教の奥にあるプロテスタント的な起源とエートスについての古典的考察である点を挙げている。マーティ教授は、特に第二の点で、この本の現代的意味を強調している。今日のアメリカは、異質な宗教的、文化的背景を持つ者たちがそれぞれ声高に自己の主張を展開し、諸価値をめぐる論争は、議論のための共通の用語を見いだすことさえ困難な状況である。そして、議論の出発点として、自分たちの文化的起源に立ち返ることから始めようとするとき、まず手に取られるべき「古典」として、マーティ教授はこの『アメリカにおける神の国』と、著者の実兄のラインホールド・ニーバーの『アメリカ史のアイロニー』を挙げるのである。

本書の出版に当たっては、多くの方々から忍耐強いご指導とご助力をいただいた。

古屋安雄教授（聖学院大学大学院）は、名著を翻訳するという責任のあまりの重さにしり込みする訳者を励まし、企画から出版にいたるあらゆる場面でさまざまなご尽力をくださった。また、神学的概念や今日のアメリカの神学界の動向などについてご教示をいただくという貴重な機会を得た。古屋教授のお支えがなければ本書の刊行はあり得なかった。大木英夫教授（学校法人聖学院理事長、聖学院大学大学院長・教授）からは、つねにあたたかいお言葉を賜り、大きな勇気をいただいた。さらに、聖学院大学研究叢書としての発行について、阿久戸光晴教授（聖学院大学学長）をはじめとする関係者の方々に格別のご配慮をいただいた。とりわけ大学出版会の山本俊明氏には、編集、校正から訳語の点検まで、並々ならぬご援助を終始与えていただいた。

これらすべての方々に、心から感謝するものである。

神学については門外漢である訳者が、H・R・ニーバーの名著を二度までも訳出する機会を与えられたことに身の縮む思いであるが、本書の刊行によって、H・R・ニーバーの功績が再び、広くアメリカ文化の研究者に認識される契機になれば至上の喜びである。

二〇〇八年二月

訳者

人　名　索　引

ア

アダムズ，C.F.（Adams, C.F.）137
アダムズ，J.T.（Adams, J.T.）12，140
アダムズ，ヘンリー（Adams, Henry）93，103，204
アレグザーンダ，アーチバルド（Alexander, Archibald）117，121，133，137，139
ウィリアムズ，ロジャー（Williams, Roger）28，33，63，67，72，78，79，83，85，90，91，95，100，101，108，110，145
ウィンスロップ，J.（Winthrop, J.）65，91，98，100
ウェスレー，ジョン（Wesley, John）55，117，121，123，130，132，135，138，139，150，153，159，161，173，175
ウェルド，セオドア（Weld, Theodore）167，168
ウォーカー，ウィリストン（Walker, Williston）100，102
ウルマン，ジョン（Woolman, John）117，129，133，137，139，153，154，160，173
エイムズ，ウィリアム（Ames, William）65，96，103
エドワーズ，ジョナサン（Edwards, Jonathan）17，28，33，55，115，117，118，120，121，123–127，129，132，135，137–141，150–152，154–158，160，161，166，173，183，185，186，193，199
エマスン，ラルフ・ウォールドウ（Emerson, Ralph Waldo）194，196，201
エリオット，ジョン（Eliot, John）77，101，146–148

カ

カーク，K.E.（Kirk, K.E.）12，19，37，58
カーライル，トマス（Carlyle, Thomas）74
カルヴァン，ジャン（Calvin, John）35–37，41，53，55，59，65，84，92，95，138
キャンベル，アレグザーンダ（Campbell, Alexander）104，165，166
グラッデン，ワシントン（Gladden, Washington）171，172，175，200，201
グラブ，イサベル（Grubb, Isabel）103
グレイ，ジェイムズ（Gray, James）174
グレーゲ，G.（Gloege, G.）102
ゲヴェール，W.M.（Gewehr, W.M.）140
コールダ，I.M.（Calder, I.M.）101
コットン，ジョン（Cotton, John）28，65，66，70，83，89，90，94，95，98，100–103，110，113，137
コッホ，G.A.（Koch, G.A.）140
コルウェル，スチーブン（Colwell, Stephen）174
コルトン，カルヴィン（Colton, Calvin）189，205

サ

サンタヤナ，G.（Santayana, G.）173
シアーズ，クララ・E.（Sears, Clara E.）174
シェパード，トマス（Shepard, Thomas）91，110，145
ジグフリード，A.（Siegfried, A.）58
シャープレス，I.（Sharpless, I.）102，173
シュナイダー，H.W.（Schneider, H.W.）102
ジョウンズ，ルーファス（Jones, Rufus）80，102，173，204
ジルソン，E.（Gilson, E.）58
スウィート，W.W.（Sweet, W.W.）204
ストロング，ジョウサイア（Strong, Josiah）205
セスラー，J.J.（Sessler, J.J.）205
セル，G.C.（Cell, G.C.）117，138，139

タ

チェインバーズ，R.W.

(Chambers, R.W.)　140
チャーマーズ，トマス
(Chalmers, Thomas)　165
チャニング，W.E.（Channing, W.E.）
28，157，163，164，173，174，193，194，201
デイヴィス，エマスン（Davis, Emerson）
140
テイラー，A.E.（Taylor, A.E.）　105，137
テイラー，ナサニエル・W.
(Taylor, Nathanael W.)　163，174
デューズベリー（Dewsbury）　109，148
デュルケーム，E.（Durkheim, E.）　33
トーニー，R.H.（Tawney, R.H.）　97，103
ドブロウスキー，J.（Dombrowski, J.）
205
トマス・アクィナス（Thomas Aquinas）
36-39，58，88
トレルチ，E.（Troeltsch, E.）　2，60
ドワイト，ティモシー（Dwight, Timothy）
183
トンプソン，R.E.（Thompson, R.E.）
204

ナ

ノルトホフ，チャールズ
(Nordhoff, Charles)　205

ハ

パーカー，セオドア（Parker, Theodore）
201
バークリー，ロバート（Barclay, Robert）
65，68，100-103
バーンズ，G.H.（Barnes, G.H.）　140，174，175
ハインズ，W.A.（Hinds, W.A.）　205
バクスター，リチャード（Baxter, Richard）
70，100，144
バッカス，アイザック（Backus, Isaac）
117，137
ハリス，サミュエル（Harris, Samuel）
169，175
パリントン，V.L.（Parrington, V.L.）
31，33，64，65，100，138，175，182，204
ビーヴァン，エドウィン（Bevan, Edwyn）
205
ビーチャー，エドワード
(Beecher, Edward)　167，174
ビーチャー，ライマン（Beecher, Lyman）
163，174，183-186，188，204
ヒギンスン，フラーンシス
(Higginson, Francis)　57
フィッシュ，C.R.（Fish, C.R.）　140，174
フィニー，C.G.（Finney, C.G.）　115，117，121，133，137，139，161，166-168，173，183，189
フォスター，F.H.（Foster, F.H）　204
フォスター，H.D.（Foster, H.D.）　102
フォックス，ジョージ（Fox, George）
65，70，98，100，108，137，147，172
フッカー，トマス（Hooker, Thomas）
65，70，90，101，103，113，146，147
フッカー，リチャード（Hooker, Richard）
77
ブッシュネル，ホレース
(Bushnell, Horace)　191，200，201，204，205
ブライス，ジェイムズ（Bryce, James）
92，93，103
ブラッドフォード総督
(Bradford, Governor)　65，66，100
ブレイスウェイト，W.C.
(Braithwaite, W.C.)　100，102，173
ブレモン，H.（Brémond, H.）　58
ベイン，ピーター（Bayne, Peter）　68，100
ベーコン，L.W.（Bacon, L.W.）　187，204
ベッカー，カール（Becker, Carl）　205
ペニントン，アイザック
(Pennington, Isaac)　65，68，71，100，102，103，109，137
ベラミー，エドワード（Bellamy, Edward）
197
ベルグソン，アンリ（Bergson, Henri）
13，25，28，29，32，178，204
ベルジャーエフ，ニコラス
(Berdyaev, N.)　205
ペン，ウィリアム（Penn, William）　64-66，68，90，99
ベンツ，エルンスト（Benz, Ernst）　59，102，137

ポウイク，F. J.（Powicke, F.J.） 101
ホウィットフィールド，ジョージ
（Whitefield, George） 117，124，132，
137，140，153，183
ホール，T. C.（Hall, T.C.） 58，102
ホスマー，ジェームズ K.
（Hosmer, James K.） 172
ホーソン，ナサニェル
（Hawthorne, Nathaniel） 205
ホプキンズ，サミュエル
（Hopkins, Samuel） 130，133，137，
154，157，158，160，161，163，164，
166，168，173–175，183，197，201
ホプキンズ，マーク（Hopkins, Mark）
164
ホワイトヘッド，A. N.
（Whitehead, A.N.） 198

マ

マードック，K. E.（Murdock, K.E.）
138
マザー，インクリース（Mather, Increase）
111，206
マザー，コットン（Mather, Cotton）
182，183，188，193，206
ミラー，ペリ（Miller, Perry） 60，102，
103
モリスン，S. E.（Morison, S.E.）
101，138

ラ

ラウシェンブシュ，ウォールター
（Rauschenbusch, Walter） 171，172，
200
ラトゥアレット，K. S.（Latourette, K.S.）
140
リー，アンフリ（Lee, Umphrey） 138，
139
ルター（Luther） 28，35–37，52，53，59，
60
レヴィ-ブリュル，L.（Lévy-Bruhl, L.）
25，33

ピューリタンの著作題名の和英対照一覧

• 贖いの御業の歴史 …… 17
Jonathan Edwards, the History of the Work of Redemption

• ニュー・イングランドにおけるシオンの救い主の驚くべき摂理の御業 …… 65
Jonathan Edwards, Wonder Working Providence of Sion's Saviour in New England

• ニュー・イングランド・プランテーションについての結論 …… 65
John Winthrop, Conclusions for the Plantation in New England

• 神のプランテーションに対する神の約束 …… 66
John Cotton, God's Promise to his Plantations

• 教会規律大全研究 …… 70
Thomas Hooker, A Survey of the Summe of Church Discipline

• ニュー・イングランド法概要 …… 70
John Cotton, Abstract of the Laws of New England

• 日記 …… 71
George Fox, Journal

• アメリカにおけるキリストの偉大なみわざ …… 72
Cotton Mather, Book I of Magnalia Christi Americana

• 教会の型と市民の力 …… 90
John Cotton, Model of Church and Civil Power

• 信仰生活を健康に維持するための実験的方法 ……108
Roger Williams, Experiments of Spiritual Life and Health

• 信仰の大義を掲げて迫害を説く血塗れの教義 ……108
Roger Williams, The Bloudy Tenent of Persecution for Cause of Conscience Discussed

• 神の命のための弁明 ……108
George Fox, apologia pro vita sua

• 瞑想と霊的体験 ……110
Thomas Shepard, Meditation and Spiritual Experience

• 誠実なる回心 ……………………………………………………………………110
Thomas Shepard, Sincere Convert and The Sound Believer

• クレヴクールの手紙 ……………………………………………………………116
James Hector St John de Crèvecoeur, Letters from an American Farmer

• 個人的な物語 ……………………………………………………………………117
Jonathan Edwards, Personal Narrative

• 聖徒の永遠の憩い ………………………………………………………………144
Richard Baxter, The Saints' Everlasting Rest

• 天路歴程 …………………………………………………………………………144
John Bunyan, The Pilgrim's Progress

• 聖なる生 …………………………………………………………………………144
Jeremy Taylor, Holy Living

• 聖なる死 …………………………………………………………………………144
Jeremy Taylor, Holy Dying

• キリスト教共同国家、または興りつつある ………………………………146
イエス・キリストの国の世俗政治
John Eliot, The Christian Commonwealth : or, The Civil Policy of
The Rising Kingdom of Jesus Christ

• 宗教の復興のための驚くべき祈りにおける神の民の明白な同意と …………155
目に見える合一を進める慎ましい試み
Jonathan Edwards, An Humble Attempt to Promote Explicit Agreement and
Visible Union of God's People in Extraordinary Prayer for the Revival of Religion

• 千年王国の先触れ ………………………………………………………………165
Alexander Campbell, The Millenial Harbinger

• この世におけるキリストの国 …………………………………………………169
Samuel Harris, The Kingdom of Christ on Earth

• 善行録 ……………………………………………………………………………182
Cotton Mather, Bonifacius: An Essay upon the Good that is to be devised and designed
by those who desire to answer the great end of life

《訳者紹介》

柴田　史子　しばた・ふみこ

東京生まれ。筑波大学博士課程修了，Harvard Divinity School 卒業。現在，聖学院大学人文学部教授。アメリカ研究専攻。
〔**著書**〕『アメリカの宗教伝統と文化』（共著），『アメリカの宗教―多民族社会の世界観』（共著）ほか。
〔**訳書**〕H.R.ニーバー『アメリカ型キリスト教の社会的起源』，M.エリアーデ『世界宗教史』第2巻，ジェームズ L.アダムズ『自由と結社の思想―ヴォランタリー・アソシエーション論をめぐって』

アメリカにおける神《かみ》の国《くに》

2008年3月25日　初版第1刷発行

訳　者　柴　田　史　子
発行者　大　木　英　夫

発行所　聖学院大学出版会
〒362-8585　埼玉県上尾市戸崎1-1
電話048(725)9801／Fax048(725)0324
E-mail : press@seigakuin-univ.ac.jp
印　刷／望月印刷株式会社

ISBN4-915832-71-0　C3022　Printed in Japan

〈聖学院研究叢書1〉

「文明日本」と「市民的主体」

福沢諭吉・徳富蘇峰・内村鑑三

梅津順一著

開国と明治維新は、近代日本の為政者と人民に思想的に大きな課題を突きつけた。それは日本の目指す政治体制、為政者の役割、人民の生き方、あるいは国際社会における自国の位置付けを、世界に向かって「理解されるもの」として語る必要からであった。本書では、「文明日本」と「市民的主体」の二構想を諭吉・蘇峰・鑑三の思想を通して明らかにする。

A5判　二八八頁　六〇九〇円

978-4-915832-38-3（2001）（4-915832-38-4）

〈聖学院研究叢書2〉

歴史と探求

レッシング・トレルチ・ニーバー

安酸敏眞著

中間時における真理の多形性をとく「真理の愛好者」レッシング、「徹底的歴史性」の立場でキリスト教的真理の普遍妥当性と格闘したトレルチ、歴史の有意味性を弁証しつづけたニーバーのそれぞれの思想的連関を考察し、著者の神学的・宗教哲学的立場から偶然的な歴史的真理と必然的な規範的真理の関係性を明らかにする。

A5判　二〇五頁　五二五〇円

978-4-915832-39-0（2001）（4-915832-39-2）

〈聖学院研究叢書3〉

エラスムスとルター

一六世紀宗教改革の二つの道

金子晴勇著

自由意志の問題は、古代から中世、近代にかけて、アウグスティヌスとペラギウス、エラスムスとルター、ジェズイットとポール・ロワイヤルの思想家たち、さらにピエール・ベールとライプニッツなどの間で激烈な論争が繰り広げられた哲学と神学の重要主題であった。本書では、自由意志と奴隷意志論争を焦点に、ルネサンスと宗教改革という二つの精神上の運動を述べる。

A5判　二七五頁　六〇九〇円

978-4-915832-50-5（2002）（4-915832-50-3）

〈聖学院研究叢書4〉

医療と福祉における市場の役割と限界

イギリスの経験と日本の課題

郡司篤晃編著

イデオロギーの対立が消滅して、グローバリゼーションが進行し、あらゆる場面で経済競争が激化している。医療・福祉などの社会保障の分野でも例外ではない。そのサービスの質と平等を確保しつつ、いかにそれらのシステムを効率化していけるかが各国で模索されている。本書は、この重要な主題を論じたものである。

A5判　一九九頁　五二五〇円

978-4-915832-56-7（2004）（4-915832-56-2）

〈聖学院研究叢書5〉
地域に求められる人口減少対策
発生する地域問題と迫られる対応

平　修久著

人口減少は住民という縮んでしまうパイの奪い合いを意味し、自治体の淘汰に繋がりかねない。しかしこの危機感は特に東京都市圏に含まれる自治体の間で芽生えていない。本書は、自治体へのアンケート調査をもとに、「人口減少期に対応する意識と政策」を分析し、人口減少というこれまで自治体が前提としてきた人口増加とはまったく異なるシナリオを提示。

A5判　一九八頁　五〇四〇円
978-4-915832-60-4 (2005) (4-915832-60-0)

〈聖学院研究叢書7〉
とはずがたりの表現と心
「問ふにつらさ」から「問はず語り」へ

標　宮子著

『とはずがたり』は一九三八年に発見され、埋もれた古典として話題になった文献であるが、それ以降、研究者によって地道な注釈研究がなされてきた。本書は、それらの成果を踏まえながら、作品の背景である宮廷貴族の生活を解明し、主題となっているさまざまな人間関係の中で苦悩する著者の生き方を現代に甦らせている。

A5判　五五六頁　九四五〇円
978-4-915832-72-7 (2008)

自由と結社の思想
ヴォランタリー・アソシエーション論をめぐって

J・L・アダムス著
柴田史子訳

アメリカの著名な神学者・社会倫理学者、ジェイムズ・ルーサー・アダムスの社会理論・社会倫理に関する主要論文集。本書が提起する問題は、「自由主義」と「自由主義的宗教」の再検討にとっても、現代の人間の自己理解にとっても、また人間と共同体、神と人間性、歴史と社会倫理の関係について展開されている学問的論争にとっても有効性を持つ問題である。

四六判　三四〇頁　三九九〇円
978-4-915832-17-8 (1997) (4-915832-17-1)

光の子と闇の子
デモクラシーの批判と擁護

R・ニーバー著
武田清子訳

アメリカの政治倫理学者、R・ニーバーの主著の一つである本書は、デモクラシーという、現代世界において、再考を求められている思想原理を批判し、擁護する。権力が対立し、政治と経済が相剋する現実にあって、正義と自由を確立するためには、いかなる指導原理が存在するのか。人間の悪の問題の把握において深い洞察を欠いているマルクス主義、デモクラシー思想の楽観主義を批判し、キリスト教思想に基づくデモクラシー原理の正当性を弁護する。

四六判　二一〇頁　二二四三円
978-4-915832-03-1 (1994) (4-915832-03-1)

アメリカ史のアイロニー

R・ニーバー著
大木英夫・深井智朗 訳

アメリカは二〇世紀の半ば、突如として、国民的経験も精神的準備もないままに世界史的勢力として台頭し、世界史の中に踊り出た。この「大国」アメリカはどこに向かうべきか。本書は、原書が一九五二年に出版されているが、世界史的「大国」アメリカの問題を「権力の腐敗」の問題として鋭く抉り出し、アメリカを自己認識と責任意識へと導こうとする、現代の問題をも照射するアメリカ論の新訳である。付録として巻末にニーバーの「ユーモアと信仰」を所収。

四六判　三一〇頁　三九九〇円
978-4-915832-44-4 (2002) (4-915832-44-9)

ニーバーとその時代

ラインホールド・ニーバーの預言者的役割とその遺産

チャールズ・C・ブラウン著
高橋義文訳

「預言者的現実主義者」として、アメリカの神学者だけでなく、政治学者また政治家たちに多大な影響を与えたラインホールド・ニーバーの伝記。数多くのニーバーの伝記の中でニーバーの思想の意味をニーバーの生きた時代・社会との関連を明らかにしながら解明する「バランスのとれた伝記」として高く評価されている。

A5判　五八〇頁　六三〇〇円
978-4-915832-49-9 (2004) (4-915832-49-X)

ピューリタン

近代化の精神構造

大木英夫著

著者は、近代の成立をルネッサンスと宗教改革に求め、非宗教化と捉える俗説を排し、近代の起源を、「教会と国家の分離」「人間の個人化」「契約社会への移行」という構造変化に見出す。その構造変化の担い手としてのピューリタンたちの運動の思想史を描く。名著『ピューリタン』の改訂新著。

四六判　二三二頁　二一〇〇円
978-4-915832-66-6 (2006) (4-915832-66-X)

デモクラシーにおける討論の生誕

ピューリタン革命における「パトニー討論」

大澤　麦・澁谷　浩　編訳

ピューリタン革命の最中の一六四七年一〇月二八日から三日間、国王を逮捕した革命軍が今後の方針を討議するためにパトニーで総評議会を開催した。議長はオリヴァ・クロムウェルがつとめ、新しい政治体制を主張するレヴェラーズと激しい議論を進めた。A・D・リンゼイは、ここに近代デモクラシー思想の源泉があったとする。本書は、ウドハウスの編集によるテキスト「パトニー討論」の翻訳に訳者注記と解説を付し、この討論の政治思想史における意義を解明する。

A5判　三六六頁　六〇九〇円
978-4-915832-30-7 (1999) (4-915832-30-9)

カルヴァンとカルヴァン主義者たち

ポール・ヘルム著
松谷好明訳

宗教改革者カルヴァンの思想はヨーロッパ、イギリスなどにどのような影響を与えたのか。本書は、カルヴァンの影響がカルヴァン主義者たちによって変節されたとする最近のケンドールなどの研究に対してカルヴァンの著作に基づき批判し、カルヴァンの思想のイギリス・ピューリタンへの継承を跡づける。

四六判　一九七頁　三一五〇円
978-4-915832-51-2（2003）（4-915832-51-1）

イングランド・ピューリタニズム研究

松谷好明著

イギリスに起こり、アメリカへと展開したピューリタニズムは明治期から日本の文学・思想に多大な影響を与えてきているが、一方でまちがった理解によりゆがんだピューリタニズム像も描かれてきた。本書は、ピューリタンたちの生み出した第一次資料にあたって歴史資料に則ったピューリタン像を描くとともに、ピューリタニズムを世界史的動向の中で捉え、歴史を変革し、形成する普遍的原理としてのピューリタニズムを評価しなおすものである。

A５判　四三二頁　八四〇〇円
978-4-915832-70-3（2007）

ニコラウス・クザーヌス

渡邉守道著

一五世紀の最も独創的な思想家、哲学者、神学者ニコラウス・クザーヌスについての著者三〇年間におよぶ研究をもとに書き下ろしたもので、クザーヌスの政治社会思想、公会議と教会改革、それに著者の最も力をいれた現代政治思想に対するクザーヌスの貢献を力説し、次の章からなる。序説　第一部　クザーヌスの生涯とその思想　第二部　クザーヌスの教会改革　第三部　クザーヌスの周辺。結語、クザーヌスと現代、クザーヌス年表。（クザーヌス生誕六〇〇年記念出版）

A５判　三〇〇頁　五八八〇円
978-4-915832-34-5（2000）（4-915832-34-1）

イギリス・デモクラシーの擁護者　A・D・リンゼイ
その人と思想

永岡薫編著

リンゼイは、E・バーカーと並ぶ二〇世紀におけるイギリス政治哲学者の双璧で、オックスフォード大学の副総長もつとめたが、わが国では彼のイギリス・デモクラシー論については知られているものの、政治哲学の基礎にある学問の拡がりについてはほとんど知られていない。本書はリンゼイのひととなりと幅広い思想を多彩な執筆者によって紹介した初の研究書である。リンゼイの目指したもの／リンゼイのデモクラシー思想（ドルシラ・スコット）。（平成九年度文部省科研費交付図書）

A５判　三九八頁　五四六〇円
978-4-915832-20-8（1998）（4-915832-20-1）

トレルチとドイツ文化プロテスタンティズム

フリードリヒ・ヴィルヘルム・グラーフ 著
深井智朗・安酸敏眞 編訳

マックス・ヴェーバーと並び、一九世紀から二〇世紀にかけてのドイツの文化科学、とくに歴史学、また神学思想において大きな足跡を残した、エルンスト・トレルチの思想を、文化史の観点から再評価し、現代における意義を論ずる意欲的な論考。著者は、ミュンヘン大学プロテスタント神学部教授であり、一九九九年度の「ライプニッツ賞」を受けた気鋭の研究者である。 A5判 三二〇頁 四二〇〇円

978-4-915832-40-6 (2001) (4-915832-40-6)

自由主義に先立つ自由

クェンティン・スキナー著
梅津順一訳

今日支配的な自由理解である「自由とは、政治体制とは関わりない個人的自由である」とする自由主義的理解に対して、一七世紀のイギリス革命において隆盛を極めたネオ・ローマ的自由理解、つまり他者の権力や意思に従属しない自由という理解を掘り起こし、その現代的意義を論ずる。現代における自由の理解に一石を投じた注目の書。 四六判 一八四頁 二五二〇円

978-4-915832-48-2 (2001) (4-915832-48-1)

ヴェーバー・トレルチ・イエリネック

ハイデルベルクにおけるアングロサクソン研究の伝統

深井智朗 編

ヨーロッパ近代の問題を理解する際に欠かすことのできない文献としてヴェーバー『プロテスタンティズムの倫理と資本主義の精神』、トレルチ『近代世界の成立におけるプロテスタンティズムの意義』、イエリネック『人権宣言論争』がある。それらは、分野やアプローチは異なるものの、アングロサクソン世界に展開したプロテスタンティズムの意義に注目している。本書は、この主題で開催された国際シンポジウムの記録を編集したものである。 四六判 二四〇頁 三七八〇円

978-4-915832-45-1 (2001) (4-915832-45-7)

自由と家族の法的基礎

ジョン・ウィッテ著
大木英夫・髙橋義文 監訳

現代の社会で大きな課題に直面している結婚、デモクラシー、また教会と国家の分離などに、憲法学、法律学の立場から、考察を加え、現代の諸問題に新しい視角から新しい局面を浮かび上がらせる。著者はエモリー大学法学部教授であり、同大学の「宗教と法」研究所長として数多くの研究活動を進めており、また著書を発表している気鋭の法学者である。 四六判 二七四頁 三三六〇円

978-4-915832-75-8 近刊